营销法则

企业经营领导思维革命

张世平 著

中华工商联合出版社

图书在版编目（CIP）数据

企业经营领导思维革命／张世平著．—北京：中华工商联合出版社，2020.10

ISBN 978-7-5158-2824-4

Ⅰ．①企… Ⅱ．①张… Ⅲ．①企业领导学 Ⅳ.①F272．91

中国版本图书馆 CIP 数据核字（2020）第 154365 号

企业经营领导思维革命

作　　者：张世平
出 品 人：刘　刚
责任编辑：胡小英
封面设计：子　时
版式设计：北京东方视点数据技术有限公司
责任审读：李　征
责任印制：陈德松
出版发行：中华工商联合出版社有限责任公司
印　　刷：盛大（天津）印刷有限公司
版　　次：2020 年 10 月第 1 版
印　　次：2024 年 1 月第 2 次印刷
开　　本：710mm×1020mm　1/16
字　　数：210 千字
印　　张：13.75
书　　号：ISBN 978-7-5158-2824-4
定　　价：68.00 元

服务热线：010-58301130-0（前台）
销售热线：010-58302977（网店部）
　　　　　010-58302166（门店部）
　　　　　010-58302837（馆配部、新媒体部）
　　　　　010-58302813（团购部）
地址邮编：北京市西城区西环广场 A 座
　　　　　19-20 层，100044
http://www.chgslcbs.cn
投稿热线：010-58302907（总编室）
投稿邮箱：1621239583@qq.com

工商联版图书

"互联网+领导力"时代来了

　　"互联网+"时代的管理工作不是简单的形式变化，而是思维和意识上的变化。互联网时代的管理对管理者提出了更高的要求，传统意义上的管理，对管理者的重点要求是专业知识能力、团队协作能力、工作能力等，而互联网时代更多的要求首先是信息的收集能力、分析能力和对信息的应用能力，也就是决策能力，其次才是专业、管理和其他能力。

　　传统的管理方法注重制度建立、职责的设定及各种条条框框的约束力，强调逐级管理、奖惩制度等，但在用"心"来管理方面做得不够，特别是当企业逐步走向成熟后，更容易注重严格执行制度，而忽略了管理的服务性与市场的灵活性。市场竞争是多变的，面对瞬息万变的市场环境，市场的发展更多时候是无规律可循的，这就要求管理者在具备一定专业知识的同时更要树立冒险精神，这种冒险不是盲目的，而是在大量数据支持下的"冒险"精神。"互联网+"时代的管理更注重结果和数据，而非条条框框的、完全制度化的管理。我们常说"商场如战场"，战场是什么？战场就是在遵循基本作战原则的基础上，根据战场变化而随机应变的一种冒险活动。这种冒险是建立在一定科学基础之上的，必须有一定的情报支持，并非盲目的草寇行为。我们许多企业也在努力学习军事化管理，为了体现严格和执行"号令"，许多企业借鉴军事化的管理手段，将部队中的队列、紧急集合、射击等训练内容引入了企业管理培训课程中。这样一套直观简单、表象的管理手段的应用对企业管理究竟有多大的意义呢？这种将方法和形式的东西直接切入实际工作中，没有形成自己的理解和感悟，只是在走过场。军事化管理不止于简单形式上的表现，而是有其内在的意义和目的，这种内在的管理过程概括来讲就是形、意、动。

部队训练为什么要走队列？为什么要让士兵把牙膏牙刷摆放整齐，毛刷还要对准一个方向？为什么要把被子叠得整整齐齐还要有棱有角，难道是为了好看吗？这只是军队管理"形"的东西，真正的目的是让每一个军人明白，来到军营，你的一言一行、一举一动、一个细小的部位都要按照规定和要求而行，这样做都是为了一个整体，为了一个目标，这就是"意"。通过这种"形"和"意"，最终达到军人在行为上养成整齐划一的习惯，这就是"动"。什么是"划一"呢？就是每个军人的每一个点或每一条线都要在统一规范内，军人的行动要高度统一，最终是为了养成协同配合、步调一致的行为习惯，形成整体的战斗力，这种战斗力绝不是完全依靠军事制度来实现的。

要让士兵知道，面对命令没有任何的余地，前进命令下达后，就只有前进和战斗，这样战斗力就提高了，这就是一种精神、一种形态，部队是训练形态，企业是管理形态。

我来到企业后，也采用了许多军队管理中"形"和"意"的方法。我让司机将车开到离军营大概三至五公里的地方，把车抛锚，然后告诉员工：车坏了，让他们自己想办法。地方很荒凉，没有任何的交通工具，大家必须走回来。司机问我：这是为什么？我说，看看他们遇到突发事件后的应对能力和态度。这种时候很容易将一个人解决问题的方式展现出来，当团队遇到问题的时候，如果不去寻求解决而是怨天尤人，员工就是不合格的。

接着，我还对员工进行了信息传递的训练。我告诉一个员工"今天晚上听到敲门声就是紧急集合，大家要马上穿好衣服在外面集合"，可是传到第五个就没能听清，传到第六个就错了，在他们看来，"紧急集合"一定得吹哨子，在这个传递过程中他们把自己的看法或意念带进去了。在管理过程中，如果领导告诉员工的话，员工没听清也不吭声也不询问，而是加上自己的意念再传递，那么传递错误的信息是非常危险的。正确的方法是：信号传递不明确时要与信息源进行核实！

在市场的变化过程中，如何面对恶劣的环境？往前爬！爬不动了，差一点，也要坚持，这就是"最后一厘米"的训练，成功与否全在这最后的一厘米！"互联网+"的时代，100家企业之所以会死掉99家，就是因为99家在最后一点处缺乏耐性。其实大家差距并不大，只是最后留下的那家坚持了一点点。"互联网+"时代没有轻松的事情，竞争将越来越激烈。

传统营销时代，你卖化妆品，我也可以卖；你在这条街上卖，我就跑到那条街上卖。可是"互联网+"时代就不同了，你只有选择产品或模式的机会，没有选择市场的机会，你只有选择信息内容的机会，没有选择信息空间的机会。活过来的就是老大，活不过来就什么都没有，这就是"互联网+"时代！

军队管理工作是随着作战对象的不同、作战任务的变化、武器装备的更新等带来的作战模式改变而变化的。"互联网+"时代的企业管理也应随着竞争对手的不同、市场环境的变化、市场模式的重大改变而变化。因为我们面对的市场环境不再是过去意义上的同行竞争或是同产品竞争，而是跨界的。我们面对的管理对象也不是几个管理对象，而是众多"点和线"，我要让每一个点和线都有支撑力或拉动力，就要打磨每一个被管理对象，要让每一个"点"都发光发热，让他们从形态上产生变化，这也是"互联网+"时代扁平化管理的内涵。

传统工业时代的管理体制是以客户为目标，"互联网+"时代的管理服务体系是以客户为中心形成"价值环"，以客户为中心，就是要执行以服务和满足客户需求为中心的工作流程，各部门、各级管理者都要把客户的需求作为工作重点，传统的、严格的逐级层递的、单向度的管理制度将被否定。

"互联网+"时代如何打造团队？打造什么样的团队？建立什么样的管理体制？这些都需要我们重新界定和思考，我们要颠覆自己，改变思路，建立管理新思维。要想打造一支优秀的"互联网+"时代团队，关键在于领导者如何转变传统思路。而且，"互联网+"时代可能更看重领导的行为，因为这时的团队是虚拟的，所以领导行为就显得更加重要。一旦建立了团队，团队文化可能会逐步削弱。打造新的领导力比打造团队更重要！

如何打造"互联网＋"领导力？我们需要了解当今的市场，市场是什么？市场从核心利益上讲就是一种竞争！竞争依靠什么？竞争需要对市场进行准确判断并做出正确的决策！正确的决策依靠什么？需要及时准确的市场信息与情报给予有效的支持！市场情报从何而来？情报是从捕捉到的信息或数据分析而来！所以，"互联网＋"时代对管理者的素质有更高的要求，特别强调管理者对信息的收集能力和分析能力，也就是信息管理和应用能力，这也体现了现在是"信息力"的时代。

"信息力"一词是美国最早提出来的，其实早在20年前还在部队的时候，我就已经开始研究信息力了，那时主要是针对部队的军事训练和部队管理。信息力管理指的是"互联网＋"时代利用信息化对企业的人员、运营、生产、营销、市场、客户等进行管理。"互联网＋"时代的新领导力就应该从这里入手。新领导力中的"新"指的是什么？就是信息时代的管理，把信息发展到最大化并运用到企业或其他团队里，成为一种竞争的实力后就是新领导力，信息的最大化也就成为新的生产力，这也就是信息力的概念！引入这个概念后，可能会涉及信息力在企业的具体运用，这时候就要采用一种新的管理模式。移动互联网时代，如何把互联网思维带到团队管理中去，这比制度、方法的改变更重要！

张世平

2016年10月

目 录
CONTENTS

Chapter
3 第三章
我们应该如何构建未来？

Chapter
4 第四章
平台化思维——拥有平台，领导力才拥有未来

Chapter 第五章

5 跨界·超轨——突破行业藩篱的能力

Chapter 第六章

6 循"数"管理——大数据究竟是什么？

第一章
Chapter 1

"互联网 +"
意味着什么?

　　2012 年 11 月,易观国际董事长兼首席执行官于扬首次提出了 "互联网 +" 理念。他认为,"在未来,'互联网 +' 公式应该是我们所在的行业的产品和服务在与我们未来看到的多屏全网跨平台用户场景结合之后,产生的这样一种化学公式。我们可以按照这样一个思路找到若干这样的想法。而怎么找到你所在行业的 '互联网 +',则是企业需要思考的问题。"

传统领导模式终结

> "互联网+"的出现，不仅让各行各业找到了新的营销方式、发展模式，更对领导者的领导力提出了新的要求。传统的领导模式已经无法适应"互联网+"时代，这也预示着传统领导模式的终结。

在过去很长一段时间里，传统领导方式都对企业发挥了重要的作用。可是，面对新的社会环境，其作用也会渐行渐远。

在互联网时代，传统领导模式和新领导模式必然会经历一个此消彼长的过程：传统领导模式→传统领导模式和新领导模式并存，传统模式占据主导→传统领导模式和新领导模式并存，新领导模式占据主导→新领导模式，传统模式终结。

在任何时候，风险和机会都会一起出现，新领导模式的出现必然预示着传统领导模式的终结。

不可否认，在互联网思维大行其道的今天，传统的管理方式已经对新的管理方式造成了一定的妨碍。互联网时代信息瞬息万变，传统管理方式已经失去了精神的培育，经常会成为处置人、算计人的一种手段，其弊端也日益显现出来：

员工越来越不想和领导交流，不愿意将内心真实的感受说出来，因为他们的想法和认识无法获得领导的倾听和尊重；

员工的业绩完全不可预测，业绩实现成功率和工作效率越来越低，而且不成正比；

内部会议占用了太多的正常工作时间，领导感觉到问题只会在会议上解决或释放出来，不会在具体工作中脚踏实地地解决。资料越来越复杂，销售部门的报表种类过于累赘；

为了不产生冲突，股东都将心中所想咽到肚子里，从不轻易发表意见；

离职率越来越高，个人和部门的冲突越来越大，推诿塞责，运作僵化，财务吃紧；

领导者越来越孤单，没有人愿意将真心话告诉他；

团队士气低落，整天抱怨：薪水福利太低、业绩目标太高、工作没有成就感、工作时间太长；

无人愿意发表不同意见，相互敷衍，喜欢做表面文章；

领导者谈到公司的梦想和未来的愿景时，员工只会表示沉默或怀疑；

……

审视一下自己所处的商业环境，上述场景是否也是你身边经常发生的事？在互联网发展的今天，全球的管理方法已经发生了巨大变化。一些证据表明，现在的领导者正面临这样的情景：

60%的在职领导者没有接受过专业的管理培训，而有些人虽然报名参加了EMBA学习也只是走过场，管理能力无法适应快速发展的商业环境；领导者的压力不断增大，管理失误逐渐增多，压力已经成为造成"管理失误"的根源所在；相比以往，现在的企业领导者需要更高超的人际交往技能和协调能力；许多领导者依然沿用了命令和控制的管理风格，员工缺乏忠诚度和责任感……

如今，"互联网+"的大风已经刮起，而且愈刮愈烈。不论你如何看待互联网时代，如何理解互联网思维，都要承认这样一个事实：我们身处的时代确实已经发生了巨大改变。企业是商业社会的核心组成，为了有效应对这种情况，需要进行巨大的改变；而领导者作为企业的核心人物，同样要发生巨大的改变。但是，如果你已经习惯了传统管理方式，放在你面前的改变将是一个巨大的挑战。

目前，企业面临的经营环境已经出现了"断裂式"的转变升级，如果想做到高速拐大弯，领导者就要具备足够的能力与心智。只有改变了自己的管理理念，企业才可能成功"转型"；如果领导者的基本功不扎实，最终也是空欢喜一场。

互联网时代的到来，预示着传统领导模式的终结。读到这里，可能习惯于传统领导模式的人会感到阵痛，但这仅仅是开始。要想实现涅槃重生，就要努力前进，想办法积极转型。

1. "雇佣时代"已经过去，"合伙"时代已经到来

简单的"雇佣时代"已经成为过去，那种老板花点钱请人来打工的时代氛围也在渐渐远离我们。

首先，人们告别了短缺的经济时代，在互联网时代成长下的员工已经和过往的那一代员工有了很大的不同，其理想、目标和工作动力等都已发生巨大的改变，仅为他们提供高工资已经无法吸引他们的注意力。何况对于企业来说，过高的工资支付也是不能持续承受的压力。

其次，很多新型公司是"中国合伙人"式的架构，外部的人才氛围已经出现巨大改变。在这样的社会环境下，仅仅领先传统的"雇佣式"的用人方式已经无法凝聚人心了，更无法得到真正的人才，也不可能把人才的价值充分地发挥出来。同样，靠那些拿点工资就安于现状的员工恐怕也不可能给企业一个美好的未来。如此，企业发展从何谈起？

因此，"合伙"就成了一种必然。也就是说，要想让企业获得发展，就要树立一种与员工一起发展、共同创业、共享成长的心态，要敢于分责、分权、分利。这样的机制才是符合时代潮流的，才能够真正激励员工把自己的利益与企业的利益密切联系在一起。

如今，不论是互联网的新贵、巨头，还是传统业界大佬，越来越多的企业都选择了"合伙"模式。具体的操作模式有：一起合资合作、股权分配、股利分红、利润共享、内部经营责任制考核兑现、项目负责制、员工的付出与回报成比例等。

2. 从"日常"到"非常"的转变

领导者是企业最重要的"人才资源",想将领导力充分发挥出来,就要在最有价值的环节将自己的价值充分发挥出来,如果领导者置身于庞大繁杂的日常事务之中,无暇顾及战略性、构架性的事情,将会给企业和自己造成巨大的损失。

如果说,企业刚刚成立的时候,领导者可能要事无巨细地参与,但是随着公司的逐渐成长,老板或领导者的角色就必须改变了。

领导者如果事无巨细,什么都管,极有可能造成这样的后果:一是下级管理层不会管、不能管、不愿管,因为既然你什么都管了,那我们也就不用管了;二是企业内部无法建立有效的管理机制,崇尚人治,忽视了法治;三是领导者没有时间考虑更重要的事务,整天被琐碎的事务缠绕,领导者感到身心疲惫,经常突然感觉自己不会管理公司了,企业发展也进入盲区。

这种领导方式,在过去比较粗放的经营时代是可以进行下去的,但是在互联网时代的信息社会如果依然采用这种方法,可能就难以为继了,不前行就是倒退,走得慢就会被吃掉。

对领导者来说,日常事务应该由"规则"去管,交给下级管理层去执行。而我们最应该管的是"非常之事",也就是更为重要的、日常中碰不到、无法用规则明确的事情,比如战略、模式、投资、项目、企业文化、高层团队建设等。

想实现从"日常"到"非常"的转变,很重要的一点就是"分权和放权";想把日常事务放下而不乱,其关键不是领导者的信任、下属的忠诚,而是建立清晰的内部规则,传统管理时代的"用人不疑,疑人不用"理念已经完全不适用现时状况了,当今的时代要求是:"用人要疑,疑人也用",不要人治,要用法治,用制度去管,才能彻底把领导者解放出来。

互联网时代,领导者必须从日常事务中跳出来,加快内部的决策节奏,如果依然"沉湎"于日常的事务中,很可能让企业失去继续前进的机会。

3. 对下属少一些命令,多一些沟通

过去企业很少,老板很少,领导者也甚少,因此很多企业的领导天生就有一种优越感,这一点可以从众多中国企业家的管理概念中看出来。

这种管理方法很多时候可以用一个字词来概括——"专断",直接体现就是命令。不少领导者都是"管理基本靠吼,检查基本靠走",只要领导者不到企业,管理就会出现问题,领导者管理下属的方式也是最简单直接的,甚至还会对员工进行责骂。

这种"简单粗暴"的管理方式在过去一段时间可能还有效,但在互联网时代却遇到了前所未有的危机。现在,很多人工作并不是为了获得工资,员工不是受你恩赐才有一份工作;不论是职场新人还是跟随了老板多年的下属,他们都想从他人那里获得尊重,都需要新的管理模式,这也是新时代优秀领导者的基本要求之一。

尤其是当越来越多的"80后"、"90后"等新鲜血液进入职场后,他们更需要得到尊重,你不尊重他们,他们就会选择跳槽,记住,"培

训一个新员工的成本是老员工的10倍。"为了适应这种新时代的人生观、价值观和世界观，传统的企业领导者必须放下过去的那种金字塔式管理层级的管理观念与方法，多和员工进行平等沟通，争取在最短的时间里建立一种符合时代发展需要的内部组织文化。

4. 靠"直觉"办事减少，对"数据"的依赖增加

数据显示，目前全球互联网用户已达到17亿，预计在2020年前全球互联网用户会增至50亿！如果说，在过去的商业经济活动中，直觉与经验依然有用，那么在移动互联网、大数据时代，依然使用（或者说依靠）直觉与经验来做决策，必然会被新生力量远远抛到时代的后面，乃至万劫不复。

为了成功地实现转型，领导者首先要做好心态上的调整，向不同的渠道学习学习再学习；二要做好人才的调整，多选择一些新生代的员工，经过培养让他们成为企业的中坚力量；三要做好内部管理系统的调整，不断发现问题、探寻结果；四要建立起一种全新的企业文化，充分利用大数据的力量，建立合理的团队规则，不能完全讲人情。

5. 少一些人情味，多一些规则意识

刚刚创立企业的时候，很多企业都有着一定的"团伙"属性。在企业发展的特殊阶段，这种方式简单有效，能够让企业活下来。但是，随着企业的发展、组织的壮大，必然要经历这样一个过程：由团伙到团队、由人治到法治，这时领导者的身份应由"领导者"转向"职业经理人"。

这时候，领导者不再当"带头大哥"了，应该转型为"组织领导";不能把自己当大哥、家长,应该认真定义自己的领导者身份;工作的时候不能凭义气,要建立起一种正确的组织价值观;建设团队的时候不能讲人情、讲苦劳,应该追求贡献和结果。

用人情代替规则对团队实施管理,即使做得再好也可能出现问题;只有建立高效的规章制度,才能获得最佳的发展路径。什么叫规则?就是企业内部的行动标准。有了这些标准,员工就会知道:哪些是可以做,哪些事不能做?什么样的人有什么样的权力?什么业务应该如何办理?绩效如何评估?奖金如何发放?凡此种种,都应该有清晰的规则和流程,不能总让员工在内部猜。

互联网时代的变化非常快、节奏非常快,既不需要繁文缛节的管理,也不需要传统的金字塔式管理,更不需要传统的部门林立的管理,但是一般企业依然需要在内部建立起明确清晰的管理规则,以此来保证企业的快速反应、快速决策。如果内部连基本的议事规则都没有指定好,任何事情都是领导者搞"一言堂",企业也就无法在市场中持续经营下去了。

时代正在进行颠覆式变革

> "互联网+"的出现，让当今时代发生了颠覆性的变革。不管是传统行业还是新兴行业，都出现了较以往不同的变化。革新领导力，对于这一点要有正确的认识。

不可否认，只要一出现大时代的变革，就会出现一些颠覆性的机遇。如今，"互联网+"的浪潮一浪接着一浪，"互联网+"医疗、"互联网+"汽车、"互联网+"教育……全民都在享受创新思维的洗礼、感受创业的激情，"互联网+"时代已然来临。

站在"互联网+"的风口上，企业就有可能获得长远发展。"互联网+"之所以具有这么大的魔力，主要原因就在于其改变了人类社会的关系和结构，让整个社会的商业模式发生了改观。

其实，"互联网+"并非是完全站在传统行业的对立面，恰恰相反，传统企业才是"互联网+"的最大玩家。面对大型互联网集团的强势宣战，传统企业只有抓住"互联网+"这根救命稻草，才能打一场漂亮的翻身仗。

在互联网的迅猛冲击下，物联网、云计算、大数据等新技术与新模式以最快的速度对现有的经济社会模式造成了冲击，彻底颠覆了人们对产业、产品、服务等约定俗成的印象。

随着传统的经济社会架构逐渐分化,众多企业和组织——那些带着互联网基因的"草根"们则运用多变的新型商业模式,杀入了传统产业,于是一场场强与弱、新与旧、颠覆与反颠覆的竞争逐渐上演,有效实现了基于互联网的企业跨界、商业模式颠覆和产业融合。

1. 传统企业受到不小的重击

互联网自出现以来,便以迅雷不及掩耳之势侵入了所有传统的领域,成功地闯过了一个又一个藩篱,进入了一个又一个传统行业中,致使各产业都被互联网改写,被互联网所颠覆。

凭借互联网优势,这些企业以开放式平台型的商业模式为契机,不断地颠覆着传统的经营理念、经营战略、供求关系、关键技术等产业中的核心要素,对产业中的传统企业的垄断地位造成了有力冲击,让产业的发展趋势发生了转变。

过去,商业模式中一直伴随着竞争,不管是产品、价格还是在渠道、促销方面,每个环节都充满了争斗,每个企业都有多个竞争对手。可是,随着传统商业价值链变化的发生,如今的对手既没有规则也没有轨道,也不分区域。

一方面,毛利率逐渐降低,行业龙头企业的利润不断被吞噬,而那些和互联网有关的产业却正在获取80%的"暴利";另一方面,互联网企业以一种凶猛的打法将传统企业从曾经的地盘上踢了出去。

我们有理由相信,未来十年必将出现一个"互联网+"的"海盗嘉年华",各种横空而出的"互联网+企业"将遍布各个领域,传统的广告业、运输业、零售业、酒店业、服务业、媒体业、教育业、医疗卫生等都可能被逐一击破。

如今，更便利、更关联、更全面的商业系统正在逐渐形成，跨界与颠覆已经成为各行业普遍的商业模式。

苹果跨界进入了智能手机行业，取代了传统手机诺基亚的老大地位；摩托罗拉、索尼、爱立信、广电、创维、电信等巨头都不会想到，自己会被完全不相关的产业给搅得天翻地覆；淘宝一年一万亿元以上的销量逼得苏宁、国美这些传统零售巨头不得不转型；李宁关掉了全国1800多家服装专卖店，连天上发了卫星的沃尔玛都难以招架各种微商；腾讯微信的出现聚集了数以亿计的用户，直接"打劫"了中国移动、电信和联通的粮仓；"余额宝"出台，仅用了18天就狂收了57亿元的资金存款，余额超过4000亿元，银行的饭碗遭到"抢劫"……

跨界与颠覆总是令人猝不及防、难以招架，事先完全无法预测，让人措手不及。然而，颠覆仅仅是个开头，接下来的故事越来越精彩。

2. "互联网+"让众多企业化茧成蝶

在这个全新的时代，组织、管理、教育、传播、社交乃至人的心智与行为模式都发生了显著的改变，比如：消费者的要求不断提高，市场由蓝海变成了红海，规模扩张的老路不好走了，传统技术升级的空间减小了，靠常规管理降本增效的余地也在缩小……

可是，有些传统企业依然对这种变化毫不关心，他们认为，自己在商业丛林中的地盘是稳固的，无论发生什么，也不会改变他们安全舒适的生存状态。这种想法，显然高估了商业丛林的安全性。

互联网与传统产业的相互渗透不仅深刻改变了产业的组织方式，还改变了传统的生产方式，改变了企业经营的商业模式，改变了企业内部的管理方式，加速形成了新的企业与用户关系。这次，"互联网＋"的进化根本不是谁输谁赢的问题，而是看谁融合得更快的问题。

对于传统企业来说，这样的冲击既是机遇，又是挑战，因为困局也代表着机遇。一旦掌握了"互联网＋"这把打破困局的钥匙，必然会迎来新一轮的成长：要么实现互联网化转型，要么死亡！对传统企业来说，只有从现在开始，加入这场"掉队即死亡"的战争中并且破茧化蝶，才能凤凰涅槃、浴火重生；否则，必然会速朽灭亡、销声匿迹。

"互联网＋"是企业破茧化蝶的一把金钥匙："互联网＋零售"，成就了淘宝；"互联网＋汽车"，出现了汽车之家；"互联网＋旅游"，出现了携程网；"互联网＋分类广告"，出现了58同城；"互联网＋红娘"，有了世纪佳缘；"互联网＋医疗"，产生好大夫在线；"互联网＋洗衣"，演化为e袋洗；"互联网＋交通"，产生了滴滴打车和神州专车；"互联网＋金融"出现了微众银行……

可见，"互联网＋"就是"互联网＋各个传统行业"，但其并不是简单的两两相加，更不是简单地利用互联网为平台工具做某件事情，而是将互联网技术和互联网思维应用到传统领域中，让互联网与传统行业深度融合到一起，形成一种聚合效应，创造出新的发展生态。让各个环节都能产生效能，让每个单元都能获得利益，减去不必要的重复环节，这就是互联网的"生态圈"。

互联网"连接了一切"，不仅包括人与信息的连接，还包括"人与人"、"人与机器"、"人与服务"和"智慧生活"的广泛连接。企业要想借"互联网+"破茧化蝶，就要对价值链体系进行整体再造。

总之，"互联网+"作为一种全新的生产力，必将推动并发掘传统产业的优势，发展成更多的新型业态。

金字塔组织结构将被彻底抛弃

多年来，很多企业采用的都是金字塔组织结构，这也是现今的商业世界最流行的组织结构。在这种组织结构中，塔顶是高高在上的董事长辈的高祖，塔底是兢兢业业干活的晚辈，中间是曾祖、祖父……可是，在"互联网+"时代，这种结构模式将会被摒弃！

金字塔结构是从一百多年前的电力工业革命时期繁衍而来的，这种典型的阶层管理垄断了商业时代上百年，早期有力地推动了人类社会的发展。

一、金字塔组织结构弊端显现

金字塔式的管理结构在互联网时代却显现出很多弊端：

1. 无法快速响应市场需求

互联网时代，随着商业流的不断加速，用户需求每时每刻都在发生着变化。企业的所有市场行为都是围绕用户需求开展的，因此企业要具备快速应对市场的能力。

金字塔结构具有明显的链条式逐级传递信息的特征，在市场信息的传达上是无法满足"快速"这个最基本要求的。在信息传递的过程中，各级管理者都会以自己为视角对信息做出判断，再将自己理解的信息进行加工分析，最后呈送给领导。这种判断过程轻则以经验为标杆，重则以进一步市场调查为依据。可是，每一个管理层级都需要花费较长的时间做出正确的判断，这样必然会贻误很多市场机会。

2. 导致信息不对称和市场决策失误

各层级的管理者在分析判断时都会加入一些自己的主观意念，只不过有多有少而已。每个人的知识结构、性格特征、责任意识等都是不同的，得到信息的形式也不同，有的是一手信息，有的是二手信息，获取信息的渠道也不相同，因此经过加工后的市场信息和一线人员反馈的真实情况自然会出现巨大的反差，这些不准确的信息或是模糊的数据会给最终的决策带来灾难性后果。

信息不对称和信息的不确定性对企业的最大影响是：对决策者对市场的正确判断做出干扰，导致出现决策上的某种失误，给执行者带来盲从，给管理工作带来混乱，给企业的市场经营带来意想不到的恶果。

3. 中心化的决策机制很难应对多层次的市场需求

金字塔管理模式的决策几乎都是由最高领导者做出的，由于自身知识的局限、对市场了解程度有限、所处位置的主观因素等影响，这种决策并不能完全真实地将市场状况完全显示出来。

商场如战场，市场瞬息万变，只有身处市场一线，才能真正感受到市场的变化，管理学家约翰·赖克端说过："在办公桌上观测世界是最危险的。"领导者只有亲临一线，所作出的决策才是符合市场预期的，也是及时的。由最高领导者掌控的决策机制已经无法应对多层次、多角度的用户需求了，战争年代的将军不是产生于作战室里，而是产生于前线战场，亲临一线战场指挥，诞生了众多将军与元帅，如成吉思汗、拿破仑、巴顿、刘伯承等。在今天的互联网时代，真正的管理者必然出现在直接面对客户的一线，但是一线管理不是等于在一个战术点上事无巨细的管理，而是要掌握一线客户的需求、市场动态及竞争对手的情况，随机把握调整战略和构建新的运营模式。

金字塔式管理结构在互联网经济时代已经满足不了快速变化的市场需求。尤其是大中型传统企业，这种问题更加严重。面对以消费者为中心的平权化时代，传统的领导模式和领导作风恐怕都要改改了。

二、扁平化组织结构被积极提倡

现代管理学之父德鲁克曾经说过："未来的企业组织将不再是一种金字塔式的等级制结构，而会逐步向扁平化组织结构演进。"金字塔结构是工业化时代的产物，在移动互联网时代，金字塔结构必然会被彻底抛弃，取而代之的是一种高度扁平化的、网络状式的、互通互达的新型组织结构：在信息网络平台的支持下，管理的中间层次会减少，管理幅度会增大。未来成功的公司将是那些组织层次较少、管理幅度更大的公司,如果想让企业获得长足的发展,就要将金字塔组织结构转变为扁平化组织结构。

如今,很多传统企业也在做组织结构的扁平化转型,但很多转型成果却不乐观。那么,如何做好扁平化管理呢?可以采用下面一些方法:

1. 扁平化管理对领导者提出新要求

一旦采用了扁平化管理结构,原有的多层级管理模式就不再有效,原有结构中的管理人员就要在扁平化组织中重新进行角色定位。如果上层领导者不了解、不重视、不进行强力的推进,在推进扁平化管理的过程中必然会遇到巨大的阻力。

同时,扁平化对高层领导者同样提出了要求,即要针对市场现状将决策中心下移,将一定的权力下放给市场一线人员。这种权力的再分配也对领导者的决策方式和定位提出了巨大挑战。因此,在经营市场的过程中要更加注重用户的反馈,真正以用户需求为中心,及时应对瞬息万变的市场。

2. 以"用户需求"为中心设计企业流程

和工业时代比较起来,互联网时代最大的变化就是,企业在开展经营活动的时候是以用户需求为驱动的,而不是以生产为驱动。所以,企业的所有市场经营、决策流程都要围绕用户需求来设计。

互联网时代,"用户是上帝",只有让上帝感到满意了,企业的商业行为才有机会继续开展。因此,不仅要向用户提供高品质的产品和服务,还要对用户有求必应。

3. 减少不利于市场开展的所有中间流程

在建立基于市场需求的快速反馈机制时，环节自然是越少越好。如果某些职位或程序对企业做出决策无法产生激励而只会起到阻碍作用，最好统统去掉。

如果审批流程异常烦琐，决策程序无比复杂，就要减少繁杂的审核流程，就要针对市场做出更快的决策，不仅要给下属充分合理的授权，还要尽量减少妨碍决策响应的中间环节。

4. 建立基于顾客需求的顾客关系管理

顾客关系管理（CRM）不仅可以做好客户的维护，还可以对顾客的消费行为习惯和购物偏好进行深度挖掘和研究；更能够结合大数据分析模型，对顾客的需求图谱进行画像识别，挖掘到更多的市场新机会。

在企业经营的过程中，要想准确预测市场并从预测中寻找市场机会，难度很大。要想找到市场的基点，就要从现有的顾客中了解精准客户，找到重要顾客、潜在顾客，进而对不同顾客进行分层管理和差异化服务。

5. 建立学习型组织，提高扁平化团队的生产力

扁平化组织不仅能缩短组织层级、增加组织幅度，还能给员工更充分的授权。决策中心的下移让成员拥有了原来由高层掌握、行使的权力和职能，这样就对成员的个人素养提出了更高的要求。要想实现扁平化组织的工作效能，成员也要具备更强的决策和执行能力，具备强大的学习能力，这样对于建立学习型组织是非常有利的。

领导力是随时代变化的

> 领导能力是一种能够激发团队成员热情与想象力的能力，也是一种能够统率团队成员全力以赴去完成目标的能力。不同的时代，领导力的范围也是不断变化的。

领导力是随时代变化而发生变化的。如今，互联网已经颠覆了很多旧的商业模式，正在重新塑造新的商业模式。当企业的商业模式发生变化时，企业的组织架构和管理理念只有做出相应的变化，才能引发企业对人才特别是领导力要求发生的变化。

那么，在互联网时代，我们需要什么样的领导力呢？

1. "互联网+企业"中，每个人都需要领导力

仔细观察国内的很多互联网企业，可以发现两个重要的特点：一是组织扁平化，从一线员工到首席执行官基本为4～5层级；二是很多产品是以项目组的形式存在的，项目组的变化很快，今天这个产品也许还不起眼，说不定下个月该产品的理念就会成为主流。

互联网时代的企业之所以会体现出这样两个特点，主要就是因为他们贴近用户，能够就用户的需求快速做出反应，也正是因为这种新的领导力理念，让越来越多的"互联网+企业"赢得了用户的认可、获得了大量的用户。

在"互联网+企业"中，每个人都需要领导力。首先，组织扁平，一线员工的想法就可以及时有效地传递到最高管理层，增加员工在管理层面前展现的机会，增加提升员工成为管理者的机会。其次，产品理念会依据用户的需求快速变化，即使是一线员工，但是如果能很快洞察用户的需求，并通过产品来满足用户的需求，就有可能领导一个项目团队去实现自己的想法。

2. 领导力是随时代变化的

以往，我们所接触的很多领导力的理念、技巧和工具等都是在工业时代研究成果的基础上出现的，是为了应对工业时代的要求而出现的，如今它们已经无法适应互联网时代的领导力要求，时代变了，领导力也需要改变。

工业时代的企业一般都是大规模标准化生产，为了提高竞争优势，企业一般会努力提高产量和效率，市场营销策略更讲究品牌化，讲究要利用信息不对称来获取利润，这给领导力提出了更多的要求：设定清晰的目标、明确的计划、严格的管理和控制方法等。但是，互联网时代的来临打破了这一切！互联网时代更加强调以用户为导向，更加需要通过小规模的快速迭代来满足用户的需求。

在互联网时代，很多传统企业已经无法设定一个清晰的目标和明确的计划，可能只能明确一个大致的营销或管理方向，其他都需要通过和用户的互动来动态调整。因此，依靠严格管理和控制的方式已经无法满足企业的发展需求，要更多地授权给团队成员，努力将团队成员的创造性有效地激发出来。

总之,互联网时代下要实现对下属的领导,领导者不仅要具备计划性、管理和控制等能力,还要通过激励、授权、鼓励创新等多种方式来进行管理。

3. 传统领导力要积极寻求突破

市场的内外部环境都是复杂、多变的,开发领导力成了企业必然的选择。那么,在互联网时代下,传统领导力如何实现突破呢?

(1)融入员工,引领员工

互联网时代,领导者要以平民的身份进入员工中,用平民的语言跟员工对话。过去都是领导教育员工,先沟通再学习,这种领导方式比较被动。互联网时代,领导应该走在下属的前面,要比下属、员工走得更靠前。

互联网时代,为何很多企业虽然实施了变革却没有成效?很大程度上就是因为领导者要应对的不仅是环境,还要适应员工。领导方式不是一成不变的,要随着客观环境的变化来调整领导素能。

面对不断发展的环境,如果把过去抱得太紧,就无法面对和决策未来。周围的大环境已经发生了改变,领导者也必须对自己提出更高的要求,要想让自己的领导力更加卓越,就要因时而变、先时而变。

(2)掌握舆论引导的艺术

互联网时代领导者必然会遇到更多的挑战,其中,最直接的一个挑战就是:舆论挑战你的权力。

在信息不发达的时代,舆论通常都是在影响和控制之中的。如今,信息化产业高速发展,特别是微博、微信等新媒体工具得到了广泛使用。一个事件发生之后，成千上万的网民会参与进来，发表评论进而转发传播，信息不受时空限制，很容易形成舆论压力。即使是微小的力量，一旦聚集起来也可以形成巨大的威力。

过去，媒体只是一种宣传工具，出现某些事件时还可能遭到封杀。但在互联网时代，媒体不再是传统观念中的宣传工具，而是一种信息传播的快速载体。很多事件都是由舆论先反映出来的，如果你想利用舆论又不能引导舆论走向，就会被舆论引导，甚至会被舆论推翻。同时还要具备利用突发情况的思维，不利的舆论如果利用得好会对企业产生良好的宣传效果，有时远比做一百个广告强。因此，领导者必须具备一项新能力——舆论引导艺术！

（3）运用互联网管理思维，实现"自管理"

工业化时代，员工和企业的关系就像是水滴和大海的关系，两者间不仅有着较高的黏度，还有着极强的约束力。从组织的角度出发选用人才，领导者考虑的往往会是人得其事，事得其才，人尽其才，才尽其用。而在互联网时代，个人能力的发展获得了更大的空间和机会，比如因为网络兼职的出现，一些个体知识劳动者不再依附于任何一个组织，可以同时为几家企业提供服务。在这样的时代浪潮下，领导者就要懂得因势而谋。如今，职场的中坚力量"80后"、"90后"往往更加关注个人目标，他们对组织不再是简单的依附和绝对服从，更加关注员工的个人职业生涯。因此领导者就要转化一下自己的思维，从人才的角度来考虑，就是"人力资本至上"！

可喜的是，如今很多知名的企业家已经在顺势而为。比如在海尔，张瑞敏提出了"人单合一"的思想,企业无边界、管理无领导、供应链无尺度、员工自主经营;在华为,任正非提出了"放弃中央集权式管理,让听得见炮声的人呼唤炮火"的思想……这些都是互联网的组织管理思维,都可以实现从"他管理"到"自管理"。

（4）建立契约关系,充分尊重个人

在传统的管理模式下,组织都是依靠制度、流程、规范化等来约束员工的,很多企业中,仅人事管理制度就包含了很多细分制度,如招聘制度、培训制度、晋升制度等。可是,在互联网时代,企业的发展支点是创新,创新已经对现有的规则发出了挑战。

时代在变,领导者不得不变!如何变?

①将制度变成契约。在互联网时代,领导者要学会和员工"玩游戏"。为什么网络游戏能让众多玩家痴迷其中,甚至达到"游戏虐我千万遍,我待游戏如初恋"的境界?因为它不是用制度来锁死用户,而是和用户之间形成了一种契约关系,他们愿意在这里付出。

②创新激励方式。为了提高员工工作的积极性,就要创新激励方式。关于这一点,可以向宝洁公司学习:一是轮岗制度,即当员工达到一定工作年限后,可以选择到不同部门或者不同区域继续工作,跨部门轮岗甚至跨国轮岗;二是弹性制度,员工可以选择适合自己的工作方式,可以自由选择上班时间、自由选择在家工作一整天等。这样的激励方式其实是对员工的充分赋权,由员工实现个人选择。

不确定性正在改写未来

> 互联网时代，事物更迭的速度逐渐加快，不确定性占据主导，各行各业的产品都需要快速迭代。用户的需求是变化的、是不确定的，因此企业必须用低成本迭代来优化产品，满足用户的不确定性，必须能够很快地适应时代变化。

"互联网+"时代是直连时代，所谓直连时代，是指用户和产品业务之间没有了中间环节，产品直接与用户连接在一起，用户与产品实现零距离。也就是说，企业能和用户建立直接的联系，通过互联网把产品直接送到用户手中，用户又可以通过互联网将自己的体验反馈给厂商。

互联网时代，世界的不确定性在增加。相比之下，手工作坊、工业和后工业时代的市场则非常稳定。比如，在手工业时代，对于做菜刀的人来说，客户就是村里面的主妇，做上三五年就会知道谁会买菜刀，市场的不确定性几乎为零；工业时代出现了很多大规模的生产线，产品一旦上线，调动就会很少，比如汽车生产线，如果预计每年生产六万台，那这条汽车生产线在几年内几乎不会更新，车型产品变成了标配，变化也就比较少。

而到了互联网时代，不确定性占据着主导地位，产品需要快速迭代，更新速度甚至快到一天几个版本。用户的需求是不断变化的、是不确定的、是可以快速识别的,为了满足用户的需求,企业必须以最快的速度、用低成本迭代的方式来优化产品,必须很快地适应周围的变化。

在这种模式下,用户的角色就变成了海量变化,因为不固定,用户可能会覆盖很多个年龄段;随着移动互联网的出现,使用场景会更加复杂多变,会产生很多痛点,而且这些痛点还会随着用户角色和所处的场景不断变化。

为了应对痛点需求的频繁变更,产品必须跟上节奏,因此对产品的研发也就提出了更高的要求。从速度上讲,研发速度一定要快。或许在手工业作坊,只要使用家传秘方就可以一辈子经营自己的菜刀事业;在工业时代,一款汽车能够畅销二三十年,甚至可以拥有几十年的历史。

可是,在互联网时代,如果你的产品依然是用3~5年的时间为一款上线产品,此产品必然会被淘汰掉。快节奏的迭代远远超过了之前的迭代速度,只有用最快的方式才能积极响应用户的需求。

互联网时代,企业与用户可以零距离接触,产品的运营不再仅凭单次或者多次就可以做好。在这个时期,运营必须是持续的。互联网时代的用户都是触手可及的,团队运营必须做到7×24小时。这一点与传统企业的商业逻辑有很大不同:传统企业可能认为,与用户只要有了一次交易就可以结束了,不希望用户再去找它,因为交易完成后客户再找它一般都是因为质量问题。

格力空调曾经出产过一款手机,创始人董明珠宣称格力手机的配置足够用三年。这里,我们不管这款手机的配置如何,单看董明珠的话语本身，就有着明显的后工业时代思维。

董明珠可能认为，自己这句话是在夸赞格力手机经久耐用，但是却忽略了互联网时代的重要思维。试想，如果用户在三年内仅使用一部格力手机，那用户与格力会产生多少连接呢？用户又会对格力的产品产生多少共鸣呢？在三年内格力难道没有什么升级换代的产品送到消费者手中吗？

手机是一种快速消费品，并不仅仅是一种功能性产品，而是一个个工作助手，更是显示品位的时尚单品。互联网时代，一个三年都不变的快速消费品真的无法做到安然屹立不倒，管理者一定不要走入这样的认识误区。

越界和跨界成为常态

当今世界已经发生了翻天覆地的变化，互联网的出现让"一切皆有可能"。"互联网+"的兴起带来了第三次工业革命，通过信息产业对传统产业的整合，形成了新的生产方式和手段，不仅有利于传统产业实现升级，还彻底改变了传统的商业模式。

随着大数据、云计算、移动互联网的发展，互联网与传统经济、传统产业的融合进一步加深。移动互联网的极速传播、云计算超强的能力、大数据强大的挖掘能力都已经开始向生产、生活领域深度渗透，引发了各产业向多元化的转型升级。

大多数企业会专注于某一方面的业务，商学院的课程也是告诉你"做你最熟悉的事情"。然而时代不同了，现代企业要想活下去或是活得长久，企业经营就不能局限于一种行业或是一个品类。已经形成的多行业、多品类、多渠道的混合经营模式成就了更多企业的成功，也给整个商界带来前所未有的辉煌和颠覆性的革命。

混合经营创新模式不同于一般的传统多元化经营，是跨行业、跨品类、跨经营手段的实现客户、渠道、资源等多方面的资源共享和全面利用。这种新模式也彻底改变了传统意义上的竞争对手，当我们用传统眼光看竞争对手时，已经完全不是同一产品、同一类型、同一品牌、同一区域的竞争对手，而是毫不相关的行业或产品。

比如，柯达和富士竞争的不是胶片，而是数码成像；自行车的竞争对手是自行车行业，而不是摩托车；摩托车的竞争对手不是来自同一行业的摩托车生产商，而是电动自行车……小米既做手机，又做互联网电视，还做路由器、智能家居、汽车、净化器和手环等产品，通过垂直一体化的整合，打造出了小米生态圈。

再如，家电企业加快了转型，互联网智能企业与家电企业共同研发，企业间的界限越来越模糊，家电企业与互联网的跨界融合已经成为常态。

从产业发展的外部来看，互联网与零售、金融、教育、医疗、汽车、农业等传统产业的跨界融合正在加速。一方面，传统产业快速向互联网靠近，传统企业纷纷与互联网公司合作，实现了向互联网领域的转型；另一方面，互联网企业加速向传统行业进军，如阿里巴巴、百度、腾讯等纷纷进入金融、教育、文化、医疗、汽车等行业，产生了互联网教育、互联网娱乐、互联网医疗等趋势……

通过区域竞争来看，过去我们只注重自己国家的，或是一个地区的，现在我们要看全世界的，我们的技术要跟踪全世界，我们的产品要销往全世界，我们的客户也需要我们了解世界不同国家的人民的需求和个性特点。一牵涉到国家，那么，我们就要掌握战争、动乱、自然灾害、政治动向等相关信息，还要掌握各国、各地的民族情况，如民族习惯、宗教信仰、民族特点等。

这样的现象给我们的管理工作带来了前所未有的变化，范围之广、空间之大、内容之多，要求的知识层更高，从而激发我们对市场大数据的需求。信息分析工作也成了我们的首要工作，对商业情报的利用成为一个领导者必备的武器，这种于乱象中寻求规律的能力成为管理者的工作必须，管理者必须掌握市场需求变化，主动实现跨界经营和自我颠覆。

移动互联网时代，行业之间的跨界和颠覆成为常态。一场由技术创新引发的商业和社会变革已经出现，全新的商业生态出现在了人们的面前，刚刚过去的2015年就是各公司实现跨界的一年。

2015年，在传统地产行业中，万科在教育领域动作频频：6月，万科和深圳中学合作，在万科总部共建了万科梅沙书院，教育产业成了万科转型战略中的重要领域。除了教育，万科还开始涉足家装领域，用跨界完成了企业产业链的延伸。

除了企业经营的跨界外,很多企业家的企业也通过个人跨界增加了企业的曝光度。比如,2015年热播的电视剧《克拉恋人》获得了过百亿的点击量。在这部电视剧中,通灵珠宝CEO沈东军以联合出品人和演员的双重身份出演,大大提升了通灵珠宝的知名度。再如,搜狐公司董事局主席兼CEO张朝阳更是过了戏瘾又帮企业赚了钱。张朝阳对大鹏的电影《煎饼侠》是鼎力支持,不仅在该片中友情客串了一把,还亲自为电影站台。

互联网的出现给我们的生活、工作都带来了很大变化。在互联网尤其是移动互联网迅猛发展的今天,借助互联网实现商业模式创新,促进企业的增产增效,是企业发展的重要选择。如果想实现经济的持续增长,领导力必须由投资驱动转向创新驱动!

第二章

Chapter 2

"互联网 +"模式
将成为竞争新常态

经过几年的发展，"互联网 +"模式已经改造及影响了多个行业。今天人们已经不再陌生的电子商务、互联网金融、在线旅游、在线影视、在线房产等都是"互联网 +"的杰作。这种模式是经历了时间考验的，其可行性已被证实，"互联网 +"模式必然会成为未来竞争的新常态。

"互联网+"为什么那么火？

> 什么是"互联网+"？最通俗易懂的说法就是"'互联网+'传统行业"，比如：邮政行业走得太慢，顺丰就替它努力；银行速度太慢，支付宝就替它努力；通信行业不努力，微信就替它努力；出租车行业偷懒了，滴滴、快的就替它努力……这就是互联网的力量，也是"互联网+"之所以能够发展如此火的重要原因。

什么是"互联网+"？为什么这个概念这么火？因为李克强总理于2015年3月5日在第十二届全国人民代表大会第三次会议上所作的《政府工作报告》里引入了"互联网+"的概念，总理原话是这样说的："制定'互联网+'行动计划，推动移动互联网、云计算、大数据、物联网等与现代制造业结合，促进电子商务、工业互联网和互联网金融健康发展，引导互联网企业拓展国际市场。"其实，除了总理的这番话，"互联网+"如此之火，离不开"互联网+"的独特优势。

1. 互联网时代的本质是去中心化和去中介化

（1）去中心化

早期人们信息获取的主要方法是在街头巷尾接收人们的传言和议论，传统媒体时代，人们获取信息的来源主要是以报纸、杂志或广播为主要目标中心，在传统互联网时代，为了获得更多的信息，人们一般会登录新浪、搜狐等门户网站。在智能手机普及的移动互联网时代，我们不再需要特定的"中心"了，微博、朋友圈、微信公众号就能满足个体的资讯需要。现在，人们获取信息没有了中心，没有了特定的信息渠道和手段，信息来源更为广泛。

（2）去中介化

如何理解去中介化？携程就是典型的传统"互联网中介"。

基于强大的用户聚合和对酒店、航空公司的强大的议价能力，携程网为用户提供了旅行相关的出行服务；而7天、锦江之星等快捷酒店已经积累了庞大的会员库，完全减少了对携程等平台的依赖。可是，随着社交网络的蓬勃发展，当酒店、航空公司可以直接与消费者沟通时，携程之类的互联网中介公司也就失去了强势的中介地位。

在这样一个时代，信息越来越公开透明，获取信息的手段越来越多样化，客户和生产商、研发和客户需求联系得越来越紧密，中介商的作用被逐步取代。"去中心化"和"去中介化"这两股力量是相互作用和相互影响的，彼此相互推动，带来了持续的影响和变化。在社会生活和商业环境中，二者的影响很难完全分开。

总的来说，"去中心"的影响效应更大一些。"去中介"在一些情境下也有着很强的影响力，但很多时候则是二者一起发挥作用，共同驱动着商业形态和社会经济的发展。

2. 互联网时代的商业新规则

"去中心化"和"去中介化"这两大互联网时代的主要特征，在用户行为和企业运营两个层面的变化中体现出了多方面的影响力。我们从中可以对移动互联网和社会网络时代的基本商业游戏规则做出有效的判断，这些新的规则与传统商业思维有着很大的不同。

认识到这一点之后，从用户的"价值创造"和企业的"价值获取"两个视角出发，企业就可以构建一个全新的"4C"（Co-creation 共同创造）模型。所谓"4C"，就是以体验设计为核心，与用户共同创造新的商业模式。采用这种模型，可以全面地呈现可能给企业带来的挑战和机遇。

（1）对用户来说，体验比功能更重要

一直以来，用户体验都是一个重要的商业元素，尤其是高端产品，如珠宝、汽车等。可是，在互联网高度发展的今天，今天的用户体验已经变得前所未有的重要，已经成为市场成功的核心衡量标准，用户更加注重使用的友好性和情感的体验性。在这样一个时代，没有了门店，只有体验，销售钢琴的门店不是过去死板冷清的商店，而是传来阵阵悦耳钢琴声的培训机构，正所谓"电教合一"，看着俏丽少女弹奏着美妙的琴声，客户的购买欲和参与欲随之而来，这就是新的创新营销模式。

（2）对企业来说，设计比性能更重要

不是说性能不再重要，而是说性能必须为设计提供服务，包括产品、功能、交互、观感等。如果无法赢得用户的心，产品的性能再高也等于零。如果产品得不到用户的喜欢、没有生命活力，是无法在市场中健康生长的。特别是许多大众商品，技术含量越来越低，设计美观和包装精致已经是表现商品的重要方法，单一从功能角度反映和推广已经无法打动客户。

（3）对用户来说，好用比品牌更重要

企业有了自己的品牌，而且大把花钱树立了品牌，为什么还是无法赚到钱？因为品牌只是赚钱的结果，而非赚钱的原因。如今，供给日渐丰富，产品样式越来越多，产品信息也更容易得到，用户喜欢选择能够解决自己的问题的"好用"的产品，而不再那么依靠对品牌的认知和信赖，这也是"用户权利"的集中体现。过去，我们的老上海牌手表有品牌、飞鸽牌自行车有品牌、蝴蝶牌缝纫机有品牌，改革开放后这些品牌全销声匿迹了，摩托罗拉有品牌、诺基亚有品牌，结果还是被苹果一夜之间替代了。这时我们突然发现，注重打造品牌意识的概念一下子不知所措。

（4）对企业来说，免费比盈利更重要

在新的商业世界中，产品就是营销。这时候，产品不再是冰冷的死物，会通过用户的口和手、通过用户手中的移动终端，变成会说话的、活的生命。形象地展示一个生命，依赖的是自己，而不是别人的宣传，是口碑，不是广告，更不是说教。

（5）对用户来说，兴趣比归属更重要

社交网络时代，真正将消费者聚合起来的不是他们外在的共性和归属，而是他们的兴趣。因为，对用户来说，兴趣往往比归属更重要！时代变了，各类活动多了，过去参加一个活动要准备几天或更多时间，而现在只要愿意，天天有活动，时时有娱乐，这就要求你的活动让用户感兴趣。

（6）对企业来说，社群比细分更重要

在互联网时代，以企业为视角对高傲的消费者细分定位已经赶不上市场更新的速度了。只有主动地构建和培育用户社群，才有可能在激烈的市场竞争中立于不败之地。产品的细分针对的就是消费者的细分，而消费者的细分定位只能满足传统意义上的客户需求，互联网时代的重点在于构建和培育消费者用户群体，只有满足广泛的客户群体需求才能保障市场的占有率，面对激烈的市场环境，群体的建立才更具生命力。

（7）对用户来说，关联比产品更重要

在互联互通的世界里，产品逐步成为连接的工具和端口，为用户构建起了解决问题的某种服务，成了用户之间的联系网络。即使是冰箱、电视等传统家电，构建起来的也是家庭成员之间的生活关系。产品本身已经不太重要，重要的是对用户关系的构建。

（8）对企业来说，网络比组织更重要

如今，产品自身也正在成为一个网络——一个连接整个产业生态圈的网络。提供给用户的只是网络共同作用下的一个聚合产物，而且不一定是网络的"中心"，网络中心之外的重要模块同样也可以赢得巨大的利润和市场。

3. 互联网时代的竞争战略

互联网对于社会生活和商业世界的影响不仅是广泛的，而且是深远的。如今，网络已经变得同水和空气一样无处不在，而且越来越难以被真正认识。这时，领导者就要从纷繁复杂的细节中抽身出来，用360度的思维来面对和把握真实的市场情境，从而在新商业规则的指引下构建起属于自己的竞争战略，建立自己的运营模式，使企业永远处于良性的发展状态。

无处不在的"互联网＋"思维

> 随着（移动）"互联网＋"、大数据、云计算等科技的不断发展，我们对市场、用户、产品、企业价值链乃至整个商业生态都必须重新审视，必须采用新的思维方式。

一、标准化已被取代

互联网时代如何触动用户的痛点？最好的方式就是对用户的需求做到"量身定制"。

电视剧《大宅门》里有这样一个场景：

白景琦带着郑老屁来瑞蚨祥买鞋，瑞蚨祥的伙计认真地为他测量了鞋码，可是当郑老屁和伙计谈鞋的价格时，他惊呆了，因为鞋价几乎相当于他半年的薪水。

在那个时代，定制还是"有闲阶级的特权"；发展到工业化社会后，工业革命才带来了批量生产，昂贵的"定制"逐渐消失了；然而，到了互联网时代，"定制"又悄悄地飞入了平常百姓家。

其实，将"定制"用到精髓的当属小米手机。虽然小米的"定制"和传统意义上略有不同，但都是建立在满足用户需求的基础上的。小米告诉用户：有一款手机，功能配置都非常棒，价格也便宜得"让人尖叫"。于是，用户纷至沓来，小米也凭借"饥饿定制"一跃成为国内几家有影响力的手机品牌之一。

北京内联升鞋业有限公司引入信息化管理，对生产、销售环节实现数字化管理轨道。"各种品类的鞋库存多少，卖了多少，甚至于谁卖的都能知道。"掌握了大量的客户数据，实现定制化服务体系，既保持了传统手工的老字号原汁原味，又实现了互联网时代快速服务保障的定制化服务模式。这就是传统产品与现代"互联网+"的有效结合。

随着"互联网+"的大势所趋，我们的传统行业如何在互联网上找到商机？"定制"！今天，"定制"已经成了最热的词汇之一，定制的范围也是包罗万象，除了较为熟悉的定制服装、礼品外，还出现了定制蔬果、定制旅行、量肤定制甚至定制婚姻、定制baby等全新概念的产品和服务，为人们带来了不可思议的惊喜。

定制不仅能满足人们衣食住行各方面的基本需求，更开创性地"无缝"满足了人们追求品质、强调个性的内心渴望与美好愿景。当人们的需求呈现多样化的时候，产品的标准化必然会渐渐淡化。

红领集团是一家生产经营高档西服、裤子、衬衣、休闲服和服饰等系列产品为主的大型互联网工厂，厂房布局紧凑、机器轰鸣，长长的流水线上排满了工人。可是，仔细一看就会发现，这里与传统西装生产线有着许多不同：多台自动裁床一字排开，每裁一张布料都要根据电脑提示调整裁剪方式；流水线上每件西装的颜色、款式、面料等都不一样；每位员工眼前都有一部电脑识别终端，一件衣服"流"过来后操作者就可以扫描衣服上的电子磁卡，根据提示进行加工了……

红领自主研发的西装个性化定制系统建立起了一套人体各项尺寸与西装版式尺寸相对应的数据库，该系统可以对顾客的身型尺寸进行数据建模，通过计算机3D打版，形成顾客专属的数据板型。数据信息被传输到备料部门后，会在自动裁床上完成裁剪。之后，每套西装所需的全部布片都会被挂在一个吊挂上，同时挂上一张附着客户信息的电子磁卡。流水线上的电脑识别终端会读取这些信息并提示操作，实现个性化定制的工艺传递。

如今，红领已经建起包含二十多个子系统的平台数字化运营系统。系统每天都会根据市场一线发来的订单，自动排单、裁剪、配里料、配线、配扣、整合板型等，实现同一产品的不同型号、款式、面料等的转换，以及流水线上不同数据、规格、元素的灵活搭配。

在传统的西装定制过程中，从量体、打版到剪裁、缝制、熨烫都需要手工制作。这种方式虽然可以在程度上满足顾客的个性化需求，但是生产效率低、制作周期长、人工成本高。工业化流水线上虽然大幅提升了生产效率、降低了成本，产品的附加值也大大降低了。

"互联网+"时代，产品是跟着用户的需求走的，想让企业获得长足的发展，就要用互联网的思维进行企业创新。

那么，到底"互联网"和"非互联网"时代的最大差别是什么呢？最大的区别就在于，互联网时代是去满足用户的需求，以往那种标准化的生产模式已经被替代。

随着移动互联网的发展，用户的需求增长点增加，用互联网思维触及甚至颠覆的行业越来越多，人们的功能由于互联网的出现而得到有效的延伸，人类所有的进化都来自于不断地去延伸自身的需求。智能手机的出现、移动互联网的发展就更好地延伸了人们的需求。

过去，如果想吃更好好的东西，人们必须去饭店，而现在只要在家里打开手机，立刻就可以选择合适的厨师为你提供贴心服务。

互联网满足了人类的更多需求，在"互联网+"的浪潮下，企业更需要更深入的态度，以及更贴近用户的营销方式，直击用户痛点，在解读市场的基础上，实现品牌和利润的双向提升。

二、颠覆性的技术

通常，大多数新技术都是持续性创新的，当然也有一小部分是颠覆性创新。颠覆性技术在开始发展的时候，一般都"不入流"，只能被边缘客户采纳。可是，随着时间的不断发展，其最终必然会演变成主导市场发展的破坏性技术。今天，随着云计算技术的兴起，新一轮的颠覆又正在展开。

创新可以是持续性的，也可以是颠覆性的，大多数新技术都是以推动产品性能的改善为目标的，面向的是主流客户市场。这种提高成熟产品性能的技术即使是指数级的进步，也不具备破坏性，只会进一步强化企业的市场领导地位。

有少量新技术在短期内很可能会导致产品某方面性能的下降，不被主流客户看重，可是却容易受到边缘客户的青睐，因为其具有一些边缘客户所看重的关键特性。经过一段时间的锤炼，随着性能的不断提升，这些技术也有可能颠覆原来的主流技术，上位为市场主体。

颠覆性技术的价值主张与持续性技术是完全不同的：第一，产品功能更简单，体积更小，利润更低，价格更便宜，用户更容易使用；第二，在新兴市场或不太重要的客户那里，首先做商业化运作；第三，行业大客户通常都不需要这些特点，而且新产品的性能往往较差，在开始阶段无法满足主流客户的需求；第四，可能采用新的业务模式或市场策略，比如免费。

1. 虚拟世界带来的颠覆性变革

哲学上有一个命题，叫作"认知的无限性"，这个命题的主要观点是：人们对于世界的理解是不断变化的，互联网时代就是一个需要对世界重新认知的时代。

互联网的发展产生了一个全新的虚拟世界，人们进入了一个现实和虚拟交互组成的时空。现实空间是由原子构成的，而虚拟空间则是由比特组成的，二者有着本质的不同。在原子构成的世界里，物以稀为贵，你占有、消耗了的东西就不能再属于我了；而在虚拟空间中，数据和信息被分享的次数越多，价值就越高。从这个意义上说，虚拟世界是对现实世界完全的颠覆！

要想理解"互联网+"，首先就要理解这个新世界——互联网。概括起来，整个网络空间存在着三层架构：

（1）消息层

网络在这个层面上实现了消息的采集和分发。Web1.0时代，互联网的爆发性增长主要集中在这个层面，比如新浪、搜狐等网络门户的兴起，腾讯从即时通讯起家等。

（2）工作流层

也就是我们常说的应用层面。在这个层面，我们不仅可以从网络获取信息，还开始把生活、工作中的各个方面都与互联网联系起来。

（3）数据层

前两个层面中的海量信息通过交互、工作流的汇集，就形成了通常所说的"大数据"。而所谓的"互联网+"，就是从消息层逐步渗透到工作流层和数据层的一个过程。

在这里，可以把数据层理解为现实世界在虚拟世界的一个"映像"。虽然数据是来源于消息层和工作流层的，但是通过对数据的挖掘，对"虚拟映像"的分析，也能对工作流程、商业模式、产品设计和思维模式产生巨大的影响。

现实生活中,大量的活动都是基于工作流层面的,而目前大部分互联网的工作也只是建了一个对外发布消息的网站,并没有在业务层面进行实质的互联网化,因此可以说,"互联网+"有着非常广阔的前景。

2. "互联网+"给三大产业带来变化

(1)"互联网+"传统制造业

在传统制造业的时代,想用机床加工一个轴具通常要经历很多道工序,流程之间的切换都需要人工去完成,只有大批量加工才能实现成本的降低。

今天,在软件定义一切的情况下,人们完全可以通过软件重新定义一台机床母机的操作系统,主要涉及速度、进程管理等一系列内容,整个轴具的加工可以一次性完成。这和3D打印机的原理是完全一致的,只不过由于采用的是机器加工的方式,所以可以产生更加广泛的应用,这也是"工业4.0"最核心的部分。

此外,还可以通过互联网的方式,将其同企业的设计平台、采购平台、销售平台和ERP系统有效连接在一起,基于网络化的环境,对一系列工作流进行有效的整合就形成了一个所谓"工业4.0"的新的工作流程,这样形成的数据也会反过来不断地推动工作效率的改进。其实,智能制造业还不止于此,今天,智能机床的精密程度已经能够实现珠宝首饰的一次加工成型,大大降低了成本。

神州数码的智慧城市市民融合服务平台就是一个服务业的"互联网

+"产品，也是在工作流程方面搭建了一个平台。

这个平台不仅可以把政府各部门之间的工作流连接起来，互联互通，提高办事效率，实现简政放权；也把政府能够面向老百姓服务的电子政务工作流和社会上的各种机构，包括商业和非营利组织提供的各种服务的工作流进行连接。这个平台建立之后，就会产生无穷尽的新的工作流、新的商业服务模式、新的"互联网+"应用。

举个简单的例子，买房的时候都有一个房产证的过户手续，这是一件很复杂、很麻烦的事情，有些甚至还要找律师。假如把政府房产管理的系统和商业机构的租赁销售流程连接到一起，就能极大地方便老百姓房屋买卖的过程；同时，这也会产生一种商业模式的转变。

（2）"互联网+"交通

当"互联网+"出现在交通领域的时候，就有了城市智慧化的概念。智慧交通系统是基于整个城市布局、交通工具分布、各条道路基础情况和历史交通数据，结合实时的交通路况，提出的一个更全面、系统的交通体系运转方案，是真正智慧的城市交通体系。城市智慧化发展主要经历了这样的三个阶段：

阶段1：数字城市。这一阶段的主要工作是，通过部署信息采集装置，对城市进行数字化改造，比如给地下管网加上传感器，人们就可以感知到电网、水网的流量；在马路上安装摄像头，就可以对车网、路网的流量进行有效的监测，这就是数字化；

阶段2：智能城市。智能化城市是在感知基础上提供一个优化的方案，可以让城市系统更好地运转。

阶段3：智慧城市。智慧化城市基于历史和传统的数据积累，形成了各个城市的系统解决方案，其本身也是一个不断学习、不断进步、不断发展的过程。

例如，在北京长安街上有十几个交叉路口，可以在路口安装上摄像头，不仅可以清点过往车辆数目，还能获取车辆影像，这就是数字化模式。再进一步，还可以把十几个红绿灯指挥系统和来往车辆、行人的数量进行自动化的匹配，设计出一个解决方案，对整条路的红绿灯进行智能化控制，保证一辆车从长安街行驶通过用时最短，而不是机械地按照30秒切换红绿灯，或者人工控制红绿灯转换，这就是智能城市的交通系统。

（3）"互联网+"农业

从本质上来说，农业也是以大数据为基础形成解决方案。其实，中国农历的二十四节气就是一种"大数据"的结果。历法专家把长久以来的农业生产经验固定下来，于是便有了二十四节气，用它可以更好地指导农业生产：什么时候播种、什么时候浇水、什么时候收割……

今天的农业现代化发展也是对传统农业作业流程的再造。近年来，开展的土地确权和土地流转工作，只是借助互联网方式，整合农业工作流、积累数据的第一步。如果能把中国将近20亿亩耕地的数据都采集到，将每一块土地的数据进行分析，比如历史上施过什么肥料、用过什么农药、种过什么作物，以及当地小气候是怎么样的……就可以优化出种植什么作物、怎样种产量最高，这就是智慧化的农业解决方案。

三、分散的市场

"集全力破一点，分散而克多点。"这就是集中与分散的运用，目的都是为了取得战争的胜利。

商场如战场，军队讲"集中优势兵力打歼灭战，多点攻击，在运动中歼灭敌人。"这都是根据战场环境而确定的。市场情况每时每刻都在发生变化，只有谋其局而定其势，才能无往而不胜。要想在市场营销中获胜，关键是要明确：什么时候需要集中力量做市场，什么时候需要分散力量做市场，如何运用营销的力量占据市场的主动性……在市场营销中，只有适时地处理好集中与分散的关系，才能获得事半功倍的效果。

集中营销的好处是声势大、影响大、力量多、干劲足，俗话说得好："人多力量大。"这说的就是集中营销的优势，大家可以集思广益、相互促进、各尽其能地利用声势来影响目标客户的选择。

集中营销适合于重要产品推广、重点市场开发，打开市场营销开展不顺利的时候、营销难度大的时期，更适合因天气及营销效果使员工情绪低落、士气不高的情况，通过大家的合作，努力提高员工的积极性，如此才能走出市场营销的低谷。

互联网时代，企业和用户是直接面对面的，市场呈现出点对点的特色，营销是分散的、大面的。这种营销方式不受营销形式和局所的约束，员工可以将自己的能力充分发挥出来，通过各种途径达到营销的效果。

随着互联网的出现，消费观念、消费方式和消费者的地位正在发生着重要的变化，当代消费者心理与以往相比，呈现出新的特点和趋势：

1. 个性消费的回归

在过去相当长的一个历史时期内，工商业都是将消费者作为单独个体进行服务的，在这一时期内个性消费是主流。到了近代，工业化和标准化的生产方式才使消费者的个性被淹没于大量低成本、单一化的产品洪流之中。可是，没有一个消费者的心理是完全相通的，每一个消费者都是一个细分市场。心理上的认同感已成为消费者做出购买品牌和产品决策的先决条件，个性化消费正在也必将再度成为消费的主流。

2. 消费需求体现出差异性

不仅是消费者的个性化消费使网络消费需求呈现出差异性，不同的网络消费者在同一需求层次上的需求也会有所不同，所以，企业如果想将互联网充分利用起来，就要在整个生产过程中，从产品的构思、设计、制造，到产品的包装、运输、销售，认真思考这种差异性，并针对不同消费者的特点，采取有针对性的方法和措施。

3. 消费主动性增强

随着现代社会不确定性的增强和人们追求心理稳定和平衡的欲望增强，消费主动性也逐渐增强。消费者不仅会参与产品的购买，还会主动发表一些意见和建议，更会和商家产生更加紧密的联系，提出不同的改进建议和意见，实现生产商与消费者的有效互动。

4. 追求购买的方便性与乐趣

当今时代，用户购物已经不是传统的固定店铺式选购，便捷式服务成为首选。大型商店逐步被取代，客户不仅追求方便，还希望在购物的过程中体会购物的乐趣。体验式消费成为一种现象，冷冰冰的销售是无法满足用户需求的。客户从看重实地购买到服务便利、用户体验、主动参与到推广宣传当中,真正体现了"没有销售,只有关系"!

5. 网络消费仍然具有层次性

网络消费其实也是一种高级的消费形式,可是其消费内容仍然可以分为由低级到高级的不同层次:在网络消费的开始阶段,消费者侧重于精神产品的消费;到了网络消费的成熟阶段,消费者完全掌握了网络消费的规律和操作,对网络购物有了一定的信任感后就会侧重于日用消费品的购买,当互联网消费达到销售、服务、体验、娱乐完全一体化后,客户购买的商品样式将全面升华。

6. 网络消费者的需求具有交叉性

在网络时代,用户的各层次消费不是相互排斥的,而是紧密联系在一起的,各需求之间存在着广泛交叉的现象,多产品、多渠道和多种服务体系的建立成为一个趋势。

7. 网络消费需求的超前性和可诱导性

互联网时代到来以后,在网络上出现了很多搜索引擎,用户无须走出家门就可以"货比三家",为了买到价格最低、质量最好、最有个性的商品,用户一般都会进行大范围的选择和比较,这样,商家就无法通过不法手段获利了。

如果市场上的产品不能满足其需求,用户会主动将自己的想法告诉商家,这样就在不自觉中参与到了企业的新产品开发等活动中,同以前消费者的被动接受产品形成了鲜明对照。

消费者通过网络来满足自己的个性化需求,企业也就明确了真正的目标市场。主动上网搜寻信息的人会让企业的行为更有针对性，企业就不会将大众作为目标市场进行促销了，可以减少很多损失。

四、全能的顾客

在田径比赛中有个项目是十项全能，是由跑、跳、投等十个田径项目组成的综合性男子比赛项目。在互联网时代，顾客已不仅仅是购买商品的人，更是产品建议的提出者和商家活动的参与者。顾客可以认为是综合项目中的全能型选手，已经从幕后走到了前台，更多地参与到商品的生产和营销中。

在"互联网+"时代，用户不仅是消费者，还是意见的提供者，更是活动的参与者，通过小米的案例可以明显地感受到这一点。

1. 顾客是活动参与者

为了调动粉丝参与的积极性，小米公司非常重视线下互动，其中最具代表性的就是"爆米花"活动——用户见面会。其实，"爆米花"活动并不是小米手机的路演，而是为了让大家在一起"嗨"，给广大用户提供了一个展示自我、认识朋友的平台。

如今，"爆米花"活动已经形成了一个体系，包括小米官方组织的几十场粉丝见面会、用户自发组织的同城会，以及一年一度的"爆米花年度盛典"。值得一提的是，小米还效仿车友会的模式，搭建起了一个供手机发烧友们聚在一起相互交流的平台。

整个活动流程都有用户的参与，比如：在论坛里投票决定在哪个城市举办；现场有用户表演节目，表演者是提前在论坛海选出来的；布置会场的时候会有"米粉"志愿者参与；每次"爆米花"活动结束的晚上，当地资深"米粉"还会和小米的团队一起聚餐交流。

更有意思的是，在这样的聚会中，小米公司会铺上红地毯，设计T型舞台，让社区数百万"米粉"选出几十位在各个领域有代表性的资深"米粉"，为他们制作专门的VCR，请他们走上红地毯，领取一份属于他们的"金米兔"奖杯。

在"米粉"群体中，孕育出了属于"米粉"自己的"大明星"。这些大明星平时就和普通"米粉"一样在小米论坛里、在新浪微博上、在"米粉"自己的微信群中，这种参与感在"爆米花"活动中被推向了顶峰。

此外，小米还办了《爆米花》杂志，让"米粉"成为时尚封面的主角。这也是小米和很多传统品牌最大的不同：和用户一起玩，不管是线上还是线下。无论什么时候，小米都会让用户参与进来，成为产品改进、品牌传播的直接参与者。

2. 顾客是消费者

小米最厉害的地方就是：实现了线上线下的高度融合，形成一个高黏性的虚拟社区。在这个社区里，"米粉"的购买力被充分展示。每次小米发布新品，"米粉"都是购买的主力。从这个角度来讲，小米的生意经就是围绕粉丝所产生的巨大生意，不断促进粉丝量的增加，并持续在他们身上变现。

很多用户之所以要购买小米手机，其实就是依靠口碑推荐做出的购买决策。很多"米粉"会把小米手机推荐给办公室同事和家人、朋友，结果，整个办公室的同事、一家人都在用。比如红米手机，有30%的用户都是买来送给家里的老人和孩子的。

而且,"米粉"买手机与买车的过程很像,他们会货比三家,既看配置,也看口碑。他们会把所有的参数都拆开来,进行比较:屏幕有多大? CPU到底是双核,还是四核的? 甚至还会追求主频是15GHZ,还是1.7GHZ,功耗怎样。用户对参数的了解远远超过了传统管理者们的想象。

新一代领导者的第一特质——"互联网+"思维

> 对于领导者来说,要想让企业获得更好的发展,就要从管理思维入手进行转型与变革,而"互联网+"思维准确地表达了企业管理转型的核心所在。当移动互联网潮水般涌入企业时,个人和企业界限日渐模糊,领导者就要摒弃原有的传统管理模式,掌握更先进的互联网思维管理模式。

互联网时代,商业的本质虽然并没有改变,但是其方式上却有了颠覆式的变化,领导力也不例外。如何用互联网思维提升领导力,是当下企业领导者的一个重要命题! 一味地重复旧有的管理模式将会寸步难行。

在互联网时代,领导者已经遇到了不少的挑战,例如,每个人都可以发出自己的声音,不再只是领导者的权威时代;所有的事情都是非中心化，决策一般都是由大众做出来的，低层的力量越来越不容忽视；即使存在权力，也是流动的，因为能力远比头衔更重要；员工管理靠的是自愿的付出与投入……所有的这一切都和过去的管理模式不一样，至少相对于以往的科层级管理是颠覆性的。

互联网时代的领导者需要回归本原，利用互联网思维提升领导力。因为领导的行为产生于原始社会，管理的行为产生于奴隶社会，重返领导必须完全意义上回归领导的时代。管理大师德鲁克曾说："发现一个领导者最有效的办法是，看其是否有心甘情愿的追随者。"从德鲁克的话语中可以发现，真正的领导者会让人们心甘情愿地工作，可是现在绝大多数的团队都被管理过度却领导不足。

互联网时代的企业就像是一张巨大的网络，可以把半自治的团队松散地联系起来，创建一个公开、信任的环境，设立共同的目标，向人们传达出企业的价值和愿景，赢得人们对愿景和价值的支持。只有这样，领导者才能够真正获得领导力的提升。

在决策层面，领导者要多倾听下属的，颠覆过去的权威身份和意识。华为的总裁任正非说："要让听得见炮声的人做决策，因为最接近答案的在一线；长辈要向晚辈学习，因为人人都可以成为专家，何况年轻人更具有创新思维。"

在激励层面，马斯诺需求层次理论已不完全适用了，对于有的员工来说，管理他们可以直接用马斯诺需求层次理论，即自我实现层面，因为他们已经跨过物质层面的基本需求，直接进入了自我实现这一层面。

互联网时代，企业和员工不是像机器那样运作的，而是像一个个会学习、会思考的生物。领导者只有掌握了用互联网提升领导力的方式，才能让自己得到改变，才能不断适应环境。

1. 开放生产，网络化组织出现

过去，传统产业遵循的是三段论节奏：设计——生产——销售，依靠尽可能严密的计划和目标，"客户需求获取"与"客户需求满足"被有效连接起来。可是从本质上说，这是一种"内部计划经济"，它不仅需要一个"计划"来统筹全局，在客户需求的获取与满足方面还有着"刻舟求剑"的天然弊端。

互联网思维的出现催生了"网络型组织"的生产，使得组织真正实现了扁平化。因此，企业领导者就要打破线性逻辑，建立一个围绕客户的辐射状的组织，以开放性的平台来承接各种新需求、新创意，使各环节都成为创新的上游发起者，让组织的外力量都成为积极的组织力量。

2. 关注客户，重视客户体验

在传统的组织结构中，居于主导地位的是"领导者——管理者——基层员工"正三角模式，企业活动的开展主要是依靠指令的层层传递来完成的，长期积淀下来必然会形成一种根深蒂固的组织生态心理：关注上级，一切以领导为核心。使用这种架构，必然会滋生出大量的官僚主义、权力寻租等弊端。

互联网时代要建立起一种"以客户为导向"的组织结构，重视客户体验。越是处于组织结构金字塔的底层的员工，越有动力，方向感越明确，领导者要为中下层服务，形成"倒金字塔"组织。

3. 重视数据，科学决策

在传统思维中，"综合""整体""直觉"等一直占据统治地位，这些因子"只可意会，不可言传"，让决策过程不可衡量、不可传递、不可复制。

互联网思维的出现为决策提供了三大法宝：结构化、数据化、显性化。其中，结构化是指构建决策模型，数据化是指决策参数的量化，而显性化则是指决策落地的载体与途径。

在互联网产业中，任何微小的程序或者界面的变更都需要类似流量、点击数、满意度、好评度等的支撑。在企业经营中应用互联网模式必然会在系统中留下数据痕迹，也能为未来的决策提供依据。

4. 所有的活动都是一个工作流

在很多传统企业中，一个事项往往都需要很多部门来协作完成，结果牵头部门焦头烂额、协助部门能推就推。可是，越是业务复杂、客户多元的组织，其协作性要求越高；如果无法将边界问题说清楚，工作混乱就会陷入恶性循环。

在互联网的组织思维下，每个工作流都会指向客户，所有的活动和任务都是一个工作流。

某集团为了推动职能部门为业务部门提供服务，设置了对职能部门的项目制反向考核：由业务部门发起一个项目，该项任务的部分工作邀请职能部门参与提供专业服务。

一年之后，业务部门根据各职能部门参与的项目数量、难度等级等因素,为各职能部门考核打分,并决定职能部门的奖金。结果,这一措施大大削弱了职能部门的官僚主义,极大地促进了一二线的融合。

5. 尊重员工,激发员工

"以人为本"一直都是传统企业提倡的理念,在互联网时代被逐步放大且得以落地。在传统的组织生态内,多数企业依然是"客户与业务导向",员工则成为满足这一导向的资源与成本。员工与客户要么对立,要么有所侧重,很难实现真正的有机和谐。

互联网时代下,每个人都是真正的主体,每个人都要面对明确的客户,产生确定的价值。领导者要平等尊重,尊重员工的工作时间,尊重他们的劳动实效,尊重他们的创造性发挥。在自由氛围和市场价值面前,员工才可以充分释放自我、实现自我。

互联网思维不是方法论，而是思维维度

> 互联网思维是一种思维的转化，只要具备了最新的思维方式，才能采取具体可行的方法。从这个意义上来说，互联网思维并不是简单的方法论，而是一种思维方式的改变。

从市场属性上来看，互联网思维是国内商业意识形态的某种进步，但并不足以让我们过去追求"实用""干货"等诸多导向性词汇相形见绌。如果把失败的原因仅仅归咎于没有互联网思维，那么这种人不是招摇过市的骗子，就是自己也还没有完全理解所谓的互联网思维。

如今，互联网思维被广泛提及，背后的互联网已然成熟。但为涉及诸多大众领域的传统企业端带来的却是阵痛："不就是互联网吗，谁都明白怎么回事，但为什么只有少数企业能够达到消费者趋之若鹜的效果？"传统行业的领导者的这种疑惑也逐渐转变为焦虑："我们尝试切入互联网思维，但效果不好，怎样才能够快速应用？"

其实，如果想破解这个迷局，就要认识到一点：所谓互联网思维根本不是什么方法论，而是一个思维维度结合自身特点的市场行为。如何理解这一点呢？

从市场属性来说，如果互联网思维确实是一种合格的思维论，就应该有思维维度。维度具备自由性！我们可以选一个角度，先把它理解为经验维度与直觉维度的矛盾:在经验维度上,我们经受着多年来求快的商业发展路径,再加上各企业资源经验不同,发展不好的必定会听发展好的,这样就会出现大量的背书者,所谓的方法论也是各不相同;在直觉维度上,是否存在市场观察的个体优势或者疑虑、有用无用的直觉,只有通过亲自实践才能知道,因此互联网思维也就最终无法定义与统一。

由此可以发现,大多数追求经验的方法论最终还是源自于后者靠直觉判断的思维;可是一旦后者足够成熟,根本不可能告诉你什么是它的核心。这里的矛盾就在于:即使直觉与经验在一定程度上具备相似性,但互联网思维依然是一种进步。

我认为,互联网思维之所以屡次被误读、难以应用,只是因为它已经从概括性经验论进步到了集成端的思维论;越钻研,反而越需要脱离经验、直觉等这些商业意识形态,回归到市场本身,比如你有没有能力和资源、有没有天分等。互联网思维没有那么多的方法论,互联网思维是直接经营用户市场的行为。

"互联网+"领导思维的两个基点

> 在"互联网+"时代，领导者思维有两个基点，一个是积木式思维，一个是模块式思维。关于这两种思维，本节中将做专门的讲述。

一、积木式思维

领导力有两个方面：一个是领导个人的领导行为、领导思路和领导方法，一个是团队建设上面的行为。

如今的团队的管理和过去有些不一样，那种大规模的、成片的、固定形式的成员达到多少万人的团队在互联网时代会逐步消亡，精干的专业团队将会组成若干个功能性组织，他们根据市场和任务需要进行组合，不以团队而团队，而是以需求和目标任务而组合新的团队。比如市场、营销、计划、后勤、法律等专业团队，他们的业务是固定的，任务是随机性的，上级的归口管理也是不断调整的，这样能最大化地利用资源整合优势，不会造成机构臃肿和人员浪费。

比如在一个炼钢集团中工作，你的工作就是炼钢，一旦超越了这个范围你就不行了。如果什么都干，情况就大不一样了，几万人的团队必然会慢慢分解，公司也会逐步细分化。

今天，为了生产一种产品，你可能会跟几家厂子在一起。客户想生产另一种产品，可能会从众多的合作者中抽出两家厂，和另外四个厂合在一起，生产另一种产品。这些公司之间就是合作关系。

以前我在韩国一家软件公司工作过，这家公司是专门研究手机服务软件的。当时，我去的这家公司有80多个人，当时我想，这公司这么小，我去干吗？我还有点不大乐意去。可是，到了韩国接触后才知道，公司不在大小，80多人做软件开发，比我们中国的大型公司做得还好、产品还多，我们中国的某软件公司光开发人员就有1500人，也没见到有什么在世界上能拿得出手的软件产品。

互联网公司是不需要更多人固定坐班的，有几个人就够了。需要外面编写的程序就交给外包来做，不需要在公司安排一个员工，这样就节省了人员管理成本。这就是一种互联网的虚拟领导，这就是领导力的创造。我在做信息情报公司时，许多外部市场调查事项全都交给外包公司来做，我们只做组合性工作，做核心内容工作，公司只有十几个人。完成任务，是看工作量，侦察兵要精，不要多！

互联网时代，医院的功能逐步弱化，医生给病人做手术，掌握了遥控指挥技术，只要在家里就可以遥控美国的手术。这样的管理模式就跟过去不一样，过去是组织开会，现在的会议就不是这个概念了，而且开会绝不是为了解决问题，所以会议思路肯定会被颠覆。

部队的组织体制，过去传统意义上的管理就是一个军三个司，一个司三个团，一个团三个营，是一种硬化的、固态化的、传统化的"三三制"，一个师长只领导你自己的三个团体，一个团长只能领导你的三个营，跨建制或跨级领导就行不通了，这种模式是根据当时的作战对象、作战环境和武器装备而设定的，而沿用到今天它就不太适应。美军的管理体制就是典型的积木式管理，以营为作战单位，以旅为一个基本指挥机构，营的编制各种各样。旅的架子有了，打仗的时候，旅长根据下达的任务随机配置，如果攻占一个山头你需要3个营，就给你配3个营，如果去攻打一座城镇需要12个营，就会给你派12个营，这12个营就是你的部下，必须归你领导，没有固定编制，这就是典型的积木式组合法的管理模式。这种模式打破了过去的结构，这个过程就是现在的互联网管理思维。

二、模块化领导

模块化管理就是把问题细化，分级别管理、单元化管理，各负其责。身为公司的一个有机组成部分，任何部门和个人都有其具体的职责范围，如果没有具体的职责范围，则是公司管理制度出现了问题。部门的主管首先要明确本部门的职责，也就是明白哪些事是自己部门必须完成的。

部门的职责可以简单地分为两大部分：内部和外部。外部职责主要是接收公司其他部门传递进来的信息（任务）、反馈回相应的指令（信息），还包括向其他部门人员传递任务；内部职责主要是接收到外部的任务后内部人员相互协作，共同实现目标。

其实，个人与部门的任务职责是相似的，都包括与外部的衔接和反馈，自身完成接收到的工作。对于一个管理者来说，在准备任务时要清楚地知道自己需要哪些资源,比如人力、物力、财力等;部门和公司内外,哪些资源是可以使用的,为了实现这些目标,该如何优化分配资源;清楚内部每个成员的工作能力和特点,适当分配各自的任务模块;清楚项目的财政预算,合理分配各个任务模块的资金;清楚物品的数量和规格,进行有效合理地调配。

利益分配与员工激励有时是混合在一起的,难分难解。通常来说,对员工的激励分为两种:物质的和精神的。物质方面的激励主要是指提升待遇;精神方面的激励主要指的是各种表扬、晋升等。

对于公司来说,通常由高层来制定战略,中下层则负责提供决策建议并保证公司战略的准确实施。如果想实现管理模块化,领导者要做到这样几点:进行分权管理,将部分审批权下放,根据部门所负责内容制定部门职责,按照部门职责履行职权;增加分管副总之间的沟通和部门间的协作,明确岗位职责,根据公司未来的工作目标进行细化,最后落实到每个员工身上;对员工进行绩效考核,完善公司治理结构,相互制约并相互促进。

具体来说,实现模块化领导要经历以下几个阶段:

1. 形成模块

公司各个业务单元组成各个单一的职能模块,梳理公司组织结构,初步明确模块的职能。在这个阶段,由于是刚刚组成模块和初步明确职责内容,因此需要内部磨合的时间,让员工清楚自己所处岗位的职责和任务。

2. 建立简化的KPI考核

当模块可以根据自身职责运转时，领导者可以在粗略的职责要求基础上建立起简化的KPI（关键绩效指标），这时候KPI可以只有1~2个指标。各模块的管理者要根据实际工作情况来制定下属的KPI，在每年或每半年对该部门的运行状况给予打分，将其作为对该模块负责人的考核。

3. 增加各模块间的契合度

在完成日常工作的过程中，领导者不用介入就能完成模块间的配合和沟通；另一方面，在初步推行简化KPI一段时间后，员工普遍习惯并接受此种管理方式后可以进一步细化、量化KPI。将各个考核指标数字化，设定及格线、优秀线和平均值，使部门KPI曲线、公司整体KPI曲线符合正态分布，这就是量化管理模式。如果能达到这一阶段，管理效益定然会出现质的提升。

第三章
Chapter 3

我们应该
如何构建未来？

　　"互联网+"可以理解为"互联网+各个传统行业"，但这并不是简单地将二者连接到一起做加法，而是利用信息通信技术和互联网平台，将互联网与传统行业融合到一起，创造出一种全新的发展生态。

一个被重构的世界

> "互联网+"时代，世界不断地被重构，商业模式、资本流向和估值方法，以及人心，将重构出互联网波澜壮阔的大时代。

一场名为"互联网+"的风潮席卷着产业和资本，就像一针兴奋剂打在了每一个企业领导者身上。互联网会成为永久的潮流吗？当然不是，互联网也是一种过渡，时代发展一代、颠覆一代是必然的。

1. 产业重构

在全民创业潮的背后，互联网也正由第一代向第二代演进，从一个万亿级的市场空间走向数十个万亿市场空间：第一代互联网是门户、游戏、搜索、社交所统治的时代，缘起于技术革命，供给创造需求，核心商业模式为流量变现，在线上创造出万亿规模空间的游戏和广告市场。其发展至今，已经开始进入中规中矩却不性感的状态。第一代互联网是属于极客的世界，遵循赢家通吃的规律。

第二代互联网中，互联网变成一种信息能量，开始对现实社会的供需关系重新塑造。商业模式也从单纯的流量变现，向两个方向演绎：向上升为云和大数据，向下沉为O2O。拉长的产业链使得互联网由极客的世界走向全民。

这时候，什么样的企业可以获得机会呢？上升的云和大数据是巨头生态圈的游戏，"BAT"传统互联网三巨头早已明了；而向下沉的O2O则带来了大量的新领域龙头崛起的机会。在这里，我们想要摸索和总结出一定的规律和方向，真正理解这场"互联网+"革命，让各类企业都真正享受到整场的资本盛宴。

要根据两类不同行业的属性，来寻找最有机会在第二代互联网里胜出的企业：

（1）传统集中度高、享受渠道垄断溢价的行业

这类传统行业的领先者享受了渠道垄断、品牌溢价，行业内的其他公司没有动力破坏现有平衡。"成功会成为成功者的墓志铭"，互联网会消除原有产业链的渠道（品牌成本），更有效地把服务提供给需求方。在这种情况下，互联网必然会对传统行业形成颠覆，也就是所谓的"破坏性创新"和"去中心化"。

原有的行业内企业如果想参与变革，必然会面临"左右互博（弈）"的尴尬境地，难以成功；而对产业有了解的互联网企业由于没有历史包袱，反而更有优势。

经过一轮对传统厂商的收割，在传统产业站稳脚跟的公司会形成更高度的垄断，传统产业数据的积累甚至会使这些新龙头有机会往第二代

互联网的上升模式云化、大数据化发展，最终诞生千亿美金以上的超级巨头。

（2）"心塞行业"的原有领先者

何为"心塞行业"？就是原有服务痛点多，信息不透明，缺乏信用体系，或存在政策限制，导致整个行业发展不成熟，行业集中度低，比较典型的有装修、金融、汽车后服务、教育、医疗等市场。对于这些行业来说，第一需求就是利用互联网改善原有的行业痛点。

通常，原有产业中的嗅觉灵敏者学习互联网的成本，会比纯互联网人学习该行业成本低，这时能胜出的企业往往都是原有行业的领先者。这类企业在传统领域耕耘多年，充分了解行业痛点，线下地推强大，后端能力强，辅以互联网的工具，必然会获得更大的机会。

如果说，原先传统领域的客观原因使得企业无法做大，那么现在优秀的"管理团队+优势资金卡位+互联网"会使企业能量指数级放大，这类公司就面临着绝地反转的机会。

互联网重构后，中国将迎来继人口红利后的下一个红利——大数据红利，引领世界互联网体验升级潮流。由此可以乐观地预计，如果说制造业的中心在德国，创新的中心在美国，那么下一代互联网数据（服务）的中心必然在中国！

2. 资本重构

在当前处于转型经济下的中国，第一轮真正经过沉淀的产业资本亟需出口。

互联网是最确定有未来的产业方向，因此也就成了众资本最追捧的投资方向，资本在二级市场的反应更为剧烈，泡沫化的言论和恐惧也因此层出不穷。其实，这种剧烈的财富效应不是坏事，反而会刺激创新、助长全民创业潮，最终培育出经济转型的模式。

与美元资本催生的第一代互联网不同，人民币资本对产业发展的切身感知和深入必然会给第二代互联网带来更强大的动量；同时，第二代互联网具有相对清晰的商业模式，我国的企业必然不会完全重蹈美国互联网泡沫的覆辙。

不再有长期稳定的战略模式

> 互联网时代是不断变化的，这种变化对人的心理、观念和价值观，以及对社会的重构都是革命性的。互联网时代正在改写经济社会的商业模式，要想实现自我创新，就要不断创新商业模式，实践跨越。因为在"互联网+"时代，长期稳定的战略模式是没有的！

互联网思维下的商业模式创新，在于颠覆传统的商业模式，重构整个商业价值链，从而实践自身的跨越。因此，在互联网时代，必然不会再有长期稳定的商业模式。

1. 了解商业模式并创新思路

互联网发展至今，已经形成了很多模式，比较典型的有五大模式：

（1）社交叠加商业模式

社交叠加商业模式的典型代表是微信。微信以社交朋友圈为切入点，逐步添加了微信支付、手机话费充值、精选商品、电影票等商业功能。

一个产品仅仅靠良好的产品用户体验是不能收到卓越的收益的。互联网最忠诚的应用是将用户生活中强关系的应用捆绑在了一起，而不是一时体验最好的应用。

腾讯的战略目标是最大化地转移互联网用户，让他们成为微信的用户，并让他们彻底喜爱和依赖这个产品。直到所有的关系链都牢固地转移到这个平台，成为用户的移动生活方式，微信才会更加彻底地进行商业化运营。如今，微信已经开始了多种尝试。

（2）平台商业模式

平台商业模式的典型代表是阿里巴巴电子商务。平台型商业模式的核心是打造足够大的平台，产品更为多元化和多样化，更加重视用户体验和产品的闭环设计。平台模式属于行业和价值链层级的代表模式，吸引大量关键资源，实现跨界整合，并能以最快的速度整合资源。

好的平台模式可以打造出一个多方共赢互利的生态圈。从技术应用和开放的角度来看，苹果公司及其手机产品就是非常优秀的平台。

（3）跨界商业模式

跨界商业模式的典型代表是余额宝。互联网颠覆的本质就是利用高效率来整合低效率，重构供需。换句话说，不仅要改善效率，还要在供给和需求两端都产生增量，建立起新的流程和模式。跨界商业模式是一个充满神奇力量的一种模式。过去两家被认为隔行如隔山的公司，突然之间彼此成为竞争对手；原先风马牛不相及的行业可能一夜之间便瓦解了你所在行业的地基。我们有理由相信，未来具有反周期创新特征的"跨界与融合"模式，将会越来越多地出现在人们的视线中。

（4）免费商业模式

这种模式的典型代表是360安全卫士。

很多互联网企业都是以免费、好的产品吸引到很多用户，然后通过新的产品或服务给不同的用户，在此基础上再构建商业模式。

互联网颠覆传统企业的常用打法就是：在传统企业用来赚钱的领域免费，彻底地把传统企业的客户群带走，继而转化成流量，然后再利用延伸价值链或增值服务来实现盈利。免费商业模式看似免费，背后的商业逻辑却联结着非免费模式。

（5）O2O商业模式

这种模式的代表企业有佐卡伊、上品折扣等。

O2O将互联网思维与传统产业相融合，用互联网的思维和高效率、低成本的互联网信息技术，改造了传统产业链中的低效率环节。

小米的发展速度是异常惊人的，截至2012年1月12日，小米公司卖出了100万部手机。刚运营了几个月，小米销量为何已经能比肩国内一线品牌？高规格的硬件配置、MIUI操作系统、米聊，将这些都单独拿出来还谈不上什么重大创新，可是当雷军将这些全都整合在一起的时候，就产生了一种神奇的力量。

小米的成功源于商业模式创新。简单来说，主要表现在：用户体验，口碑营销；不靠硬件赚钱，注重"粉丝用户"经营；发展手机品牌，软硬件一体化。小米手机除了运营商的定制机外，只在电子商务平台上销售，最大限度地省去了中间环节，大大降低了运营成本，最终降低了终端的销售价格。

后期，小米的发展方向是硬件、系统软件、云服务，直接避开了手机领域的竞争对手。

正是因为以上原因，让运营只有几个月的小米取得这样的成绩并引起了业界的关注。

2. 创新商业模式，实践有效跨越

"互联网+"或互联网化创造了一个新的业态，它不是传统简单的业态和互联网的叠加。简单来说，"互联网+"商业模式包括三方面：技术、互联网商业模式和组织实践。

互联网化的核心是提升效率和重构供需，企业可以根据自身情况建立一种与之相适应的商业模式。创新商业模式需要提出和回答的问题是：我们提供了什么？为谁提供？提供方式正确吗？这是一个可持续性的市场吗？我们给客户创造了哪些价值？我们的价值如何体现？

创新商业模式设计应围绕的重点是：

一切从客户的角度出发，与客户站在一起。

部署移动互联网应用，将服务推进到客户的移动应用中。

为用户创造价值，用心联结你的一切。

在竞争激烈的市场上，没有什么比能够把握住战略机遇和时机更为重要的事了。如今，"互联网+"或互联网化战略规划已经成为企业发展的关键，只有全力以赴地形成新的能力战略，才能形成新的优势地位；同时，还要通过商业模式的创新，来实践自身的跨越。

战略适于势，战术适于时! 对于一个优秀的领导者来说，把握最佳战机是头等重要的事。只要市场竞争存在，这个世界就会永远属于那些有胆识、智慧、勇敢、坚强、不屈不挠的领导者。

移动互联网时代，领导最大职责是服务

> 企业中，企业与员工、企业与客户的关系都是一种相互服务的关系，企业离不开员工，员工也离不开企业；企业离不开客户，客户也离不开企业。因此，不得不把"服务"当作企业生存和发展的重要链条和任务，树立"人人服务"的服务观。

人们常说："齿唇相依，裙带相连。"还常说："皮之不存，毛将焉附?"这两句话都道出了一个道理：人与人、事与事、物与物之间都是彼此相互依存、相互联系的。也就是说，一个事物的存在总是与身边的另一个事物相联系、相支撑的，会创造出一种"和谐"，求得发展。

互联网时代，重视的是服务。服务是企业生存的命脉，不了解服务对于企业的重要性，就无法为客户提供高品质的服务。服务已经不仅仅是酒店、餐饮、旅游、商场、超市等服务行业的事情，而是每一个企业都必须重视的事情。

服务是利润的源泉，无论处在哪一行业，只要把服务放在首位，利润自然会源源而来。因此，在互联网时代，领导者最大的职责就是做好服务！

1. 对员工的服务意识

管理是什么？就是"管"和"理"。"管"是监督和控制，"理"是指导和服务。对于管理者来说，指导员工做正确的事以及正确地做事，这就是"理"；所谓做正确的事，即要求企业的战略必须正确，能够使企业的付出得到最大程度的回报，否则员工的付出就是无效的，是一种浪费。

所谓正确地做事，则强调的是要用正确的方法做事，提高做事的效率，使企业的战略目标得以顺利地实现。因此，领导者要做好对下属的服务，而不是等着下属犯错后给予惩罚。

一个和尚在庙里担任撞钟一职，三个月之后感到非常无聊，"当一天和尚撞一天钟"而已。有一天，老方丈将他调到后院劈柴挑水，理由是他无法胜任撞钟一职。

和尚不服气地问："我撞的钟难道不准时、不响？"老方丈耐心地告诉他："你撞的钟虽然很准时，也很响，但钟声空泛、疲软，没有感召力。我们要用钟声唤醒沉迷的众生，因此撞出的钟声不仅要准时、大声，还要圆润、浑厚、深沉、悠远。"

　　从管理的角度讲，故事中的方丈一共犯了三个没有做好服务的错误：一是没有确定工作标准，和尚不知道撞钟要撞到什么程度；二是没有向和尚说明撞钟的重要性，和尚不明白工作的意义自然容易产生懈怠心理；三是没有对和尚进行相应的训练，撞钟和尚不具备相应的工作技能。

　　凡事"预则立，不预则废"，指的就是事先要对所布置的工作进行全面规划，让员工知道做什么、为什么做、怎样做和做到什么程度，只有这样，才能保证员工达到让领导者满意的工作效果，也就是说，这个方丈犯了"布置等于工作完成"的常见错误。在给员工布置完任务后，还应该进行跟踪督促、检查落实、结果评估等环节。所以说，管理管理，"管"是为了更好地理顺各种关系，"理"是为了更好的实现管控，简单地说就是一种对员工的服务。

　　对于领导者来说，布置任务粗放或是细致直接影响着执行效果。领导者在布置单项任务或临时性工作时，如果只是简单地分派任务，指定张三做这件事、李四做那件事，任务下达后就算布置完了，这样粗放、笼统地布置工作无法达到满意的结果。

　　领导者管得多、控制多、指导少、服务少，都是不对的，应为员工提供必要的服务，促成他们工作效率的提高。比如在布置工作时，领导者至少需要完成以下几个步骤：

　　（1）与相关负责人进行有效的沟通，将工作内容、目的、事情结果好坏对企业的影响等都告诉他。

（2）把责任落实到具体个人。

（3）将工作质量标准告诉下属，即工作的质量要求。

（4）明确工作数量、进度要求和完成时限。

（5）提示工作的重点、难点，让下属注意易出差错之处。

（6）说明工作依据，可以将工作方法告诉下属，但更要鼓励其在实践中摸索。

（7）告诉下属：要对结果进行检查，并根据考核结果进行奖惩。

明确了布置的任务，有了这样细致的要求，除非下属故意不做或者能力差距太大，通常都能做好工作。能这样做的领导者更多扮演的是服务者，这就是我们所说的领导者的服务意识。

2. 对用户的服务意识

服务是企业的灵魂，只要给用户提供最优质的服务，顾客多半都会蜂拥而上。如何做到这一点呢？秘诀就是满足顾客的需求。只要是企业，就有客户，就需要服务。每个领导者都要具备为用户服务的意识，要发自内心地为用户提供服务。

优质的服务可以让公司、客户、员工实现三赢，对于领导者来说，为客户提供优质的服务能够给自己带来莫大的益处。客户永远是第一位的，只有真正树立起来"客户第一"的服务理念，才有可能为顾客提供真正的优质服务，也才能提高领导者的领导水平。

（1）创造卓越的服务

用责任心打动顾客，让顾客高兴而来、满意而去，是企业领导者义不容辞的责任。顾客在工作场所遇到的任何不便,领导者都有义务帮助他们处理,都要对他们的情绪进行有效地安抚,绝不能抱有"事不关己,高高挂起"的想法。

①不要将精力浪费在过去。不要和客户争辩,要想圆满地解决问题,就要坚持这样一条基本原则:从现在和未来寻找解决问题的途径,不要把精力浪费在过去。如果让顾客的注意力集中在已发生的问题上,只会阻碍他们对问题的解决。

②学会换位思考。对于领导者来说,如果能够完全站在服务对象的角度上去想、去做,学会换位思考,工作一定会获得意想不到的效果。

③为顾客服务高于一切。领导者必须始终清楚,哪些是该优先处理决定的事,一定要将"为客户服务"放在首位。

④不要找借口。犯了错误不要找借口,因为借口是一种自毁的心理倾向,会让人未战先败,它对人的成长和进步充满威胁。要把好事做在明处,要让顾客看到、让顾客动心。不管做任何事,都要超过顾客的期望值,为顾客多做一点点工作,耽误不了多少时间,却可以给顾客带来很大的便利。

(2)注意服务细节

为用户提供服务,就要关注服务细节,做好细节服务。做好细节服务,就是从小事做起,也就是对"简单"的重复,并持之以恒。

①客户的小事就是我们的大事。只要将小事都做到位,大事也会随之完整。任何小的疏忽都会造成客户的不满,甚至可能产生十分严重的后果。

②莫以善小而不为。客户服务无小事，只有做好每一个细节服务的"小事"，才会赢得客户。有时候，一个非常小的细节对企业来说都是命运攸关的。

③和用户及时沟通。服务意识不强的领导者会认为，制度规定或约定俗成的事才是自己"应该做的事情"，其余的都是额外工作；服务意识强的领导者却认为，凡是对工作有利、对顾客有利的事都是自己"应该做的事情"。具有远见卓识的领导者，总是懂得在适当的时候与顾客及时沟通。

（3）优化你的服务态度

服务态度决定消费态度！客户要求的是态度，企业得到的是效益。因此，企业领导者对待客户的态度是十分重要的。

从某种意义上讲，态度决定效益，优化服务态度可以从以下几方面做起：

——用态度赢得客户，时刻保持热情的服务态度。企业犯了错，或者客户因为某件事被触怒了，要主动向其道歉，道歉不会降低你的人格魅力，而会提升你的大度与品质。对于客户而言，没有错的道歉会提升企业的影响力。

——用良好的服务态度创造个人优势。卓越的服务可以带给企业创造机会和成长，热爱服务、善待客户的领导者会拥有更好的工作机会。

——用同等的态度对待每一位客户。不论客户的身份如何，都是企业的贵客。身份高贵、有钱的客户固然不可怠慢，普通老百姓更值得欢迎，对他们更应心存感激之情。

——要有"为顾客掏腰包"的精神。一个公司，因为自己的货品好而得到顾客的称赞固然可贵；可是如果遇到了难缠的顾客，被挑剔、抱怨甚至"欺负"，也应该持欢迎的态度。

互联网时代是平行的扁平化世界

移动互联网时代，原有的阶梯式的管理方式弱化了，管理模式处于扁平化阶段。这样的管理模式，减少了中层，是趋向于无边界的。

如今，互联网的汹涌大潮正每时每刻地改变着我们所处的世界，改变着我们的管理思路和理念。伴随着互联网的出现，一批极具创新精神的公司如苹果、谷歌、Face book等脱颖而出；而还在奉行过往管理经典的通用电气、索尼、惠普等往日的科技大腕却戏剧性地被传统拖住了脚步，在这场伟大的变革中迅速被移动互联网时代的新秀们超越。

之所以会出现这样的差距，主要差别就在于是否采用了"干掉中层"、"管理无边界，企业无领导"的扁平化管理，因为互联网时代的企业管理应该是扁平的。

1. 扁平化的优势有哪些

所谓组织扁平化，就是破除公司自上而下的垂直高耸的结构，减少管理层次，增加管理幅度，裁减冗员，建立一种紧凑的横向组织，使组织变得灵活、敏捷，富有柔性、创造性。这种组织模式强调的是系统、管理层次的简化、管理幅度的增加与分权。

在传统的概念中，每个组织都有基层管理者、中层管理者和高层管理者，每个层级又细分为若干层级，部分层级尽管在工作性质、职能、待遇上没有太大差别，但却被视为一种权力、权威和精神上的享受，越级汇报被视为对权威的无视和冒犯，这样自然就形成一个个的"封建领地"和独立王国。这样的管理模式在传统管理时代是可行的、合理的，在互联网时代是多余的、阻碍的。

组织扁平化要求企业的管理幅度增大，简化烦琐的管理层次，取消一些中层管理者的岗位，使企业指挥链条最短；将企业资源和权力下放到基层员工的手中，让员工与顾客进行直接接触，使他们拥有部分决策权，大大改善服务质量，快速地响应市场的变化，真正做到"顾客满意"，降低管理成本。

2. 移动互联网创造无限可能

我们现在生活的时代是一个微博、微信、微营销的时代，移动互联网时代的来临使组织扁平化更具可能。

在互联网时代，用户可以因为不登录电脑没法查看消息、留言，上层信息也可能会层层下达到基层，而在移动互联网时代，一切沟通都变得简单多了。如今，手机已经成为人们的标配，个体随时都有可能被拉进某个圈子，各种信息在传递的通道可以直接到达个体。

个体的力量是微弱的，我们没有办法阻止移动互联网时代的来临，更无法拒绝扁平化。据说IBM曾经有18个层级,你能想象一个信息在经过中间16层的传递才到达手中的感觉吗?

互联网时代,组织的变革是围绕如何打造内部"平台型组织"进行的。这种平台思维是一种开放、共享、共赢的思维,平台模式也最有可能成就产业巨头。数据显示,在全球最大的100家企业里有60家企业的主要收入来自平台商业模式,包括苹果、谷歌等。

平台模式的精髓在于打造一个多主体共赢互利的生态圈,将来的平台之争一定是生态圈之间的竞争。如今,百度、阿里、腾讯三大互联网巨头已经围绕搜索、电商、社交各自构筑了强大的产业生态。阿里巴巴25个事业部的分拆、腾讯6大事业群的调整,都是为了发挥内部组织的平台化作用;海尔将八万多人分为2000个自主经营体,让员工成为真正的"创业者",让每个人成为自己的CEO。

3. 有责任心的顶尖人物最重要

在扁平化组织中,有责任心的人才是第一位的。雷军说:"小米团队是小米成功的核心原因。当初我决定组建超强的团队,前半年花了至少80%的时间找人,幸运地找到了七个牛人合伙,全部是技术背景,平均年龄42岁,经验极其丰富。三个本地加五个海归,来自金山、谷歌、摩托、微软等,土洋结合,充满创业热情。"

小米没有KPI,这在传统企业看来是很不可思议的,即使在互联网公司也没有哪家企业是不做绩效评估的。可是,小米公司全员6×12小时地工作,坚持了将近三年。维系这样的工作强度,他们既没有实行过打卡制度,也没有施行过公司范围内的KPI考核制度。

那么，小米这一系列措施是如何发挥出巨大的管理效力的？原因就在于，小米相信优秀的人本身就有很强的驱动力和自我管理能力。小米公司的管理层强调要把别人的事当成第一件事，就是强调责任感。比如，我的代码写完了，一定要让其他工程师检查一下，其他工程师再忙也必须第一时间先检查我的代码，然后再做自己的事情。

很多公司都有一个晋升制度，大家都为晋升做事情，很容易导致价值观扭曲，为了创新而创新，不一定是为用户创新。其他公司对工程师强调的是把技术做好，而小米则要求工程师把这个事情做好，工程师必须对用户价值负责！

从"资本至上观"转向"人力资本观"

> 人力资本就是人力资源的资本化。把人力当作经济资源，是人类认识史上的一次飞跃，这种飞跃仅仅是从以物为本的发展观向以人为本发展观转变的逻辑起点。

人力资源是一种经济资源，其和矿产、土地一样，没有承载任何的经济关系，而人力资本却是一种经济关系。进入企业的人力资源转化成人力资本，就会承载劳资双方的经济关系。现在，人们把劳动管理、劳动经济学、劳动关系学统统变成人力资源，企业中叫人力资源部，学校开设的专业叫人力资源系，相关教材也都改成了人力资源的教材。

其实，完全换汤不换药并没有解决资源到资本的转化问题，甚至从某种意义上来看，原来的劳动管理还有所倒退。在过去，劳动管理这一学科管理的是经济关系，现在的管理则是扣着人力资源的帽子。

想建立资本运营的程序，就必须把当前的人力资源观向人力资本观转化，把劳动经济学、人力资源学转变为人力资本学、人力资本运营学，努力实现真正的以人为本的发展观的转变。

1. 人力资源管理的意义

人力资源管理的主要意义是：

（1）通过合理的管理，实现人力资源的精干和高效，取得最大的使用价值。

（2）采取一定的措施，充分调动广大员工的积极性和创造性，最大地发挥人的主观能动性。调查发现，按时计酬的员工每天只需发挥自己20%～30%的能力就足以保住个人的饭碗，可是，如果能够将其积极性、创造性充分调动起来，其潜力可发挥出80%～90%。

（3）培养全面发展的人。人类社会的发展，无论是经济的、政治的、军事的、文化的发展，最终目的都要落实到人——即一切为了人本身的发展。实际上，现代人力资源管理的意义可以从三个层面，即国家、组织、个人来加以理解。对于企业来说，只有求得有用人才、合理使用人才、科学管理人才、有效开发人才，才能促进目标的达成和个人价值的实现。

2. 现代人力资源管理的重要性

现代人力资源管理对企业的意义，至少体现在以下几方面：

（1）对企业决策层

人、时、地、物、钱、客户、信息、技术等是企业管理关注的主要方面，人又是最为重要的、活的第一资源，只有管理好了"人"这一资源，才能抓住管理的要义、纲领，纲举才能目张。

（2）对人力资源管理部门

人不仅是被管理的"客体"，更是具有思想、感情、主观能动性的"主体"，如何制定科学、合理、有效的人力资源管理政策、制度，并为企业的决策提供有效信息，是领导者永远的课题。

（3）对一般管理者

任何领导者都不可能是"万能使者"，领导者更多应该扮演一个"决策、引导、协调"属下工作的角色，不仅需要有效地完成业务工作，更需要培训下属、开发员工潜能、建立良好的团队组织等。

（4）对一个普通员工

任何人都想掌握自己的命运，自己适合做什么、企业组织的目标、价值观念是什么、岗位职责是什么、自己如何有效地融入组织中、结合企业组织目标如何开发自己的潜能、发挥自己的能力、如何设计自己的职业人生等，是每个员工都十分关心而又深感困惑的问题。互联网时代，领导者要为每位员工提供有效的帮助。

3. 将人力资源转变为人力资本

如果想将人力资源转变为人力资本，其关键就在于，提高人力资本

存量和人力资本利用率,提高劳动生产率。具体来说,要从以下几方面做起:

(1)做好数量的调节

不管是哪个行业的企业,都不能在人力上投入太多,必须对各种生产要素的能力进行合理匹配,只有在人均技术装备和资金占有达到一定水平时,才能将员工的作用充分发挥出来。另外,企业的各项资源投入要根据市场需求和生产任务来决定,配备太多的人力会造成劳动生产率和经济效益下降。

但是,人力也不能投入太少,否则无法形成专业化分工优势和协作优势,有时还会影响其他生产要素如厂房、设备等的利用率。因此,企业领导者要根据市场需求、企业战略和生产率状况对现有人力的余缺进行有效的分析,确保企业在恰当的时间和地点招聘到合适的员工。

(2)合理配置资源

企业生产经营活动是由各部门相互协作完成的,因此企业各部门生产力必须均衡。某一部门若人力不足,就会影响到其他各部门的产出而导致整个企业生产率下降。

某造板厂生产的中密度纤维板产销量连续八年均全国第一。可是,从2000年下半年开始,产品由供不应求转为严重积压,最严重时库存达1万多立方米,超过了正常月产量。

领导者研究分析之后发现,主要是因为销售部门太薄弱,全厂750人,只有6个销售人员。之后,领导者从全厂职工中选拔了30名优秀人才充实到销售部门，产品销售量立即迅速上升，重新出现了供不应求的局面。

每个人的知识能力和特长都是不一样的，因此在不同部门和岗位上的生产力也不同，企业人力资源开发与管理的任务之一就是，根据企业目标和任务，按照"量才录用、用人所长"的原则对员工进行合理配置和组合，引导他们将自己的专长和才能充分发挥出来，人尽其才，才尽其用。

（3）对员工实施有效的教育和培训

员工的教育和培训是提高生产率的最有效途径，也是企业人力资本增值的重要途径，领导者一定要将员工教育培训作为一件大事来抓。互联网时代，一定要做好以下几方面的工作：

第一，做一个全面的计划和系统安排，必须对培训的内容、方法、教师、教材、参加人员、经费和时间等有一个系统的规划和安排。

第二，建立起一套实用的培训激励机制，要将教育培训工作与员工的考核、提升、晋级、调动等结合起来，提高员工参与培训的积极性。

第三，加强一线员工的培训。

第四，对培训项目加强评估和总结。

（4）做好人员的激励

组织激励水平越高，员工积极性越高，组织生产力也就越高！研究表明，员工在受到充分激励时，可以将自己能力的80%~90%发挥出来；如果员工仅仅是为了保住饭碗不被开除，仅能发挥20%~30%的能力。因此，如果想调动员工的积极性，就要建立一个有效的激励机制。

当然，互联网时代，采用的激励方式要有所创新。不仅要向员工提供有竞争力的薪酬水平，还可以鼓励能力突出者参股、入股企业，使他们将自己的发展与企业的发展紧密联系起来，激励他们更好地工作。

（5）打造适合企业的文化

企业文化是成员之间相互理解的产物，是企业制度、企业精神、企业道德规范和价值取向的总和。如今，很多成功的企业都已经建立了自己的企业文化，比如海尔。

海尔集团建立了鲜明的企业文化和价值观，其精神是"敬业报国、追求卓越"，管理模式是"日清日毕、日清日高"，名牌战略是"要么不干，要干就争第一"。

海尔企业文化，不仅把凝聚力和竞争观念统一起来，还将其运用到了企业的经营实践中，有效地推动了企业的发展。海尔总裁张瑞敏曾强调说："海尔集团的企业文化是一种珍贵的、稀有的、不完全可模仿的，并且可以创造价值能力，因此，成为一种特殊的内部资源。"

文化建设是一种强有力的纽带，能够把不同经历、不同年龄、不同知识层次、有不同利害关系的人组合在一起，引导大家一起去为共同的目标而努力。因此，领导者一定要想办法调动员工的积极性，提高企业的效率和竞争力。

第四章
Chapter 4

平台化思维——拥有平台，领导力才拥有未来

　　互联网发展到 3.0 时代，就进入了"互联网＋综合服务"时代。电商平台、物流平台、社交平台、广告平台等各种平台应有尽有。在互联网时代，领导者能做的就是将各种资源有效整合到一起、连接到一起，做一个平台的提供者，建立一种多方共赢的生态系统。

　　拥有平台，领导力才能拥有未来。关于平台化思维，领导者需要了解这样一些方面：什么是平台化思维？从"内向思维"到"外向思维"；从"战术思维"到"战略思维"；模块化生长，自下而上控制；做平台提供者，建立多方共赢的生态系统。

什么是平台化思维？

> 互联网时代，如果领导者不能将企业运营与社会化资源平台相结合，企业是无法发展壮大的。能搭多大的台，就能做多大的事；你能搭多好的台，就能做多好的事；你能搭多新的台，就能做多新的事。

在web1.0群雄逐鹿网络的时代，互联网的经营方式和传统媒体大致相似：搜集信息—过滤信息—编辑信息—分享传播，在这个流程中，互联网企业负责的环节是生产与传播；web2.0时代来临后，用户取代了互联网而成为内容生成者，其运转流程是：用户生成内容—互联网传播内容—其他用户消费内容。在这样的流程中，互联网企业仅负责传播这一项内容。这样的互联网经营模式一直到现在都是火爆的，企业逐渐重视起"平台化"这个定义。

这里的"平台化"，是指在互联网上搭建的纵横交错的网络环境，单纯的网络平台并没有意义，但当用户在平台获取了自己的需求时，平台才产生了价值。简单来说，用户的需求能够体现互联网企业的价值，即"平台"才是互联网企业的身份和本色。

对此，海尔集团CEO张瑞敏总结了管理学大师德鲁克的话：互联网自身并没有太大的意义，可它贡献的价值却难以估计，这就好比是铁路，铁路就是一种运输方式，自身没有特别的价值，但铁路带来的经济效益却不容忽视。

百度是一家高科技的互联网公司，以互联网技术为主要收益渠道。在如今的互联时代的大趋势下，李彦宏确认了新的战略模式，百度开始以平台化、接口化来改革观念、提高效率，创建从公司内部延展到外部的生态系统思路。

李彦宏知道，在新型的移动互联网时代，企业独自凭借内部技术来开发产品和运营系统是不现实的，这会逐渐被时代抛弃，只有秉持着大度双赢的理念，把百度的产品、技术、服务都改革成平台化和接口化，让公司各部门甚至是合作伙伴都能够快速便利地接入，资源共享，才能更大程度上提升发展速度和效率。

语音识别技术是一项高科技服务，开发这项技术要求有日积月累的专业经验，对于大多数开发者来说这是一道难题，百度把语音识别技术开诚布公地公开给大众，为那些普通开发者提供了技术支持和参考。同时，随着大批开发者的使用和接入，百度在监测出其中出现的问题和弊端后再对语音识别技术加以提高和完善，同时也使企业的生态系统更加流畅和先进。

李彦宏表示："要以平台化、接口化的思维提升创新效率，建立生态系统。"优质的平台应该对所有人都是无障碍共享的，这样合作者会更加投入心血，同你一起创建并完善平台，共同进步，共同盈利，互相协助。

"跨界、整合、共享、双赢"是平台化思维的根本意义。不论是企业、行业，还是一种商业模式，他们的实质都应该是平台。

事业的实现有三个层次：员工为公司工作，员工为自己工作，员工和公司共同干一件事业。这三个递进的精神层次就是企业的平台化思维。

格力的董事长董明珠曾说："我就是为那些想做事业的有理想有追求的人创造一个好的平台和环境，用优秀的平台来吸引人。"因此，愿意共享平台的格力最终成长为一家成功优秀的企业。

通用电气公司总裁杰克·韦尔奇认为，要想增强企业的核心竞争力，就要使各部门之间的资源和技术进行共享，创建一种平等的、无障碍的、共享的知识系统，而通用也一直都是财富榜上的佼佼企业。

海尔集团CEO张瑞敏坚持创新企业的经营管理模式，积极创建资源共享平台，不同应用的结构配合，既生产技术，也使用技术，使企业逐渐完善和壮大，海尔最终成为卓越的公司。但是平台化思维不只是运用于企业内部，还应该延伸到企业外部。

身在互联网时代的企业若不能把自身的技术优势和外部的资源平台结合起来利用，企业也就难以完善和进步。

乔布斯曾收购过很多企业，并将其优势技术加以整理和利用，完整地创建了自己的生态链，建立了一个企业生态平台。

阿里巴巴的马云为了让商业交易没有地域限制性，为消费者建立足不出户的消费方式，把各地、各行业的商家加以整顿和协调，由此吸引了大量的消费者，就搭建了一个网络购物平台。

搜狐是分享、传播时事新闻和专业知识的平台；腾讯是便于不能见面的朋友进行社交的平台；小米是一个客户和产品能够沟通、互相服务的平台。

平台有很多种，有解决人和钱互相需要的平台，有解决人和服务互相分享的平台。各种事例表明：领导者有多丰富的资源不重要，能整合多少资源才重要。你有多大的能力不重要，你能把能力分享和运用出来才重要。

马上消费金融股份有限公司（以下简称"马上金融"）是一家互联网消费金融公司，2014年年底，公司正式挂牌成立，并成为国内首家线上线下结合的消费金融企业。马上金融是由著名企业重庆银行、北京秭润、浙江小商品城、阳光保险、重庆百货、物美控股六家股东共同发起创建，全面覆盖了零售、银行和保险业。

这种线上线下相结合、全面覆盖性、跨界分享性的平台化思维，为众多用户提供了个人贷款和分期付款等便捷金融服务。据估计，在未来七年内，马上金融的贷款额将超过1千亿，贷款人数将达到2亿人，这将远超当前国内信用卡1.5亿的持卡人数。

当然，平台化思维并不是搭建一个平台那么简单，领导者一定要使平台公开、革新、分享、共存，将这些思维观念与平台结合起来，让平台生动、有思想。

针对所有社会化资源，平台化思维将会帮助领导者创建出史无前例的营销方式和超高效率。当然，怎么创建平台、怎么经营、怎么使平台有生命、怎么建立起成功的平台，这都需要企业所有参与者的精神奉献和实打实的技术。

从"向内思维"到"向外思维"

> 互联网时代是外部的，客户是外部的，要从"内向地位"转向"外部思维"。领导者的新思维就是内外管理，阴阳管理。在互联网时代，不仅应具备向内思维，也要具备向外思维，双方要平衡。仅注重内部，忽略了外部，是无法适应互联网时代的发展的。

新领导力如何才能抓住客户的思路？现在，大多数客户都是"85后"、"90后"，他们是一个大量的客户群体，消费也是很大的。他们的想法是什么？喜欢干什么？玩手机！

他们不会乖乖坐那儿看电视了，再用电视对他们实施管控已经毫无意义了。移动互联网时代，要看看这一类群的人喜欢玩什么，喜欢看什么，喜欢在什么场合活动，你就应该在什么地方做宣传。营销过程就是信息传递的过程，我们想让更多的人了解并接受你的产品，应该设法把你的服务或产品的"信源"通过一个大众群体容易接收的"信道"，传递给信息接收者，也就说是"信宿"。这类客户购买东西的渠道恰恰是你传递信息的终端。如果这些人每天都到滑雪场，你在电视上做一百个广告还不如在滑雪场做一个广告。

如果客户都在滑雪场，就要在所有的滑雪场做广告。如果你是做跌打扭伤药膏的，你就可以在客户滑雪时容易摔倒的地方放一块广告牌，让他爬起来就能看到；如果你是做防晒霜的，你的目标客户都喜欢游泳，那你就在那些露天的游泳池做广告。一定要记住，客户去哪儿，你的信息就要传递到哪儿。这就是"客户观察"，要看看客户一天24小时喜欢在哪儿活动。

领导者一定要善于察言观色、明察秋毫，多看看客户在哪儿活动、喜欢接收什么。如果客户每天都喜欢翻垃圾纸，就在垃圾纸上做广告，这就是看他的需求，万变不离其宗——客户需求。

商学院在讲企业管理课程时，主要涉及的是制度建设、财务管理、营销策略、企业文化等方方面面，内容很多，但学习好的企业或是回去做得很不错的企业多半也会消失。为什么？因为他们忽略了企业外部！

企业管理是一个内外平衡的过程，我们称之为"全面平衡量化管理（见图2）"，管理体系需要全面平衡。所谓内部管理，就是我们在商学院学到的企业管理的基本课程内容，是传统的管理思路。然而，随着市场竞争的白热化，企业更需要了解和掌握市场外部环境的变化及对企业的战略发展的重大影响，外部管理的重要性也逐步显现出来。外部管理主要是指通过市场调研、商业情报搜集、市场预测等手段，对竞争对手、竞争环境、客户、供应商、合作伙伴、替代品、潜在进入者等的管理，也就是对他们的信息掌握，彻底解决信息不对称现象。互联网时代的外部信息，要求领导者们掌握更多、更广泛的信息内容，包括国际国内的宏观情况，国家政策走向，行业动态情况，新技术新产品更新，竞争对手策略、合作伙伴变化，突发事件、自然灾害和战争等。

图2　互联网时代的企业全面平衡量化管理

　　从一定意义上来说，企业内部错乱了，可影响一个企业的竞争能力或管理次序，可是外部错乱了则会决定企业的生死存亡！台风来了，地震来了，洪水来了，有机会，也有死亡，就看你如何把握，如何应对风险，把握机会！

　　在四川发生汶川地震的时候，我们正在搞几个大型会议，结果因地震的影响，参会人员全部不能参加了，前期几个月的会议准备费用全部打了水漂，损失了上百万元，公司差点倒闭。同时，地震后的其他产业反而火起来了，比如当地的水泥厂业、建材业、装修业、生活日用品等都起来了，这就是外部的东西。如今，对于企业来说，互联网时代是外部的，客户也是外部的。领导者的新思维就是要内外管理兼修，也是阴阳平衡的全面量化管理，即内外都要管理好。

　　在互联网时代，既要做外，也要做内，要保持双方的全面平衡。仅注重内部，忽略了外部，会让企业陷入被动。过去，给外部送礼一般只有1～2个客户；可是如今，客户是大众，送礼怎么送得过来？因此，领导者一定要把客户维护好，要提高服务水平，改变自己的思路。

从"战术思维"到"战略思维"

> 企业战术问题是大家都看到的，也是工作中最常遇到的，可是往往我们能看到的战术问题不是真正的问题，真正的问题是企业战略出了问题，是企业外部出了问题，企业战略问题解决好了，有些被覆盖的战术问题自然会得到解决。管理者的思维应该放在战略上，也就是重点考虑商业模式，即外部环境动态。

传统企业管理在战略目标制定后，主要注重的是战术管理和战术问题，思维自然固定在战术上，而互联网时代是以客户为中心，客户的需求是不断变化的，客户目标是飘移的，市场是随时被颠覆的，竞争对手也不断在变化，我们不知道谁是我们真正的对手。如果管理者禁锢在战术思维上，企业的问题永远得不到解决，还可能会出现更大的问题。

传统企业管理中，我们能看到的问题不外乎是：员工积极性下降，销售业绩下降，新员工和老员工矛盾多，管理制度难执行，难以留住人才，与政府关系处理不好，不知道如何建立企业文化等。这些问题看似单一，但实际上是有很大联系的，有共同的源头。

我们想想这些问题，员工积极性不高，为什么不高？销售业绩下降，难道只是销售问题吗？人才留不住，难道是制度问题吗？其实都是因为战略出了问题，如果我们没有一个好的、确实可行的战略目标，让大家看不到前途、看不到方向，业绩自然上不去，业绩上不去，如何留住人才？人都留不住，何谈制度落实？问题的主要根源是战略、是市场、是外部环境。如果我们能准确掌握外部情况，我们把战略目标制定得很明确，而且也符合市场要求；我们有好的商业模式，并得到大家的认可，留住人的问题还是问题吗？人才问题还是问题吗？我们的方法得当了，营销业绩自然也好了，企业的管理问题还是问题吗？

前些天和几个企业老总交谈，有一位企业领导说他们企业的下一步发展目标遇到了困惑，他们是一家软件开发公司，目前产品已经研发完成，进入市场推广阶段，他们的产品技术与国外和国内几个同类企业相比没有太大的差异，而且资金投入只能维持到明年，现在不知道是加快步伐开发市场，尽快打开局面，还是稳定现在的客户源，扎扎实实稳步前行。

就这一问题大家展开了热烈的讨论，一部分人认为应该稳妥，扎扎实实地一步一个脚印走；一部分人认为先要解决融资问题，然后再决定如何前行。

我们分析一下，产品既然已研发完成，为什么还要稳妥？难道市场会等人吗？我们的产品没有独特性，也就是说差异化并不明显，此时比拼的不是产品本身，而是市场推广速度、推广方法，比的是我们的服务。而且，产品在研发阶段是要稳妥前行，而一旦进入市场化阶段就需要加快速度了。在这里，我们要做的一是掌握竞争对手的产品情况，找到我们的优势；二是找到客户真正的需求点，以客户为中心完善我们的产品性能；三是找到我们的优势和劣势，做好差异化竞争；四是加快营销队伍建设，加大营销方面的投入，尽快建立市场机制，扩大客户资源；五是加大融资步骤，找到合适的合作伙伴。

简单地说：是死是活，只有一拼！没有退路，也没有等待，只有前进，加快前进！

上述案例中的这一问题，对企业来说就是一个战略课题，而不是一个简单的快与慢的战术问题，是要综合市场需求、竞争对手情况、客户需求、自身的力量和优势来确定的。这是一个"快鱼吃慢鱼"而不是"大鱼吃小鱼"的时代。企业管理者要考虑的不是战术问题，而是战略问题，管理者的思维要定位在战略思维上。

海尔的"人单合一"模式

"人单合一"的共赢商业模式相当于构建了一个新的连接用户与员工的平台。在这个平台上，员工可以将自己的才能充分发挥出来，为用户解决麻烦；而用户在平台上可以得到需求的满足。

"人单合一"就是将员工和用户连接到一起，其中"人"指的是员工，"单"指的是用户。互联网时代的来临推进了自主经营的发展，并为其提供绝妙的机会。实现"人单合一"，先要解决观念问题：企业要"三转"，即时代在变革，企业得转型，由生产业转到服务业；个人要不单从服从于领导，更要服从于用户，为用户创造价值。

1. 自己就是CEO

在海尔经营初期，公司把产品质量当作唯一标准。为了纠正员工对质量的错误态度，张瑞敏亲自当众砸毁了不合格的76台冰箱。他认为，即使质量没有问题，但产品的功能、外观、设计等只要有一项不符合市场要求，都不应该流入销售线。

海尔提出"让每个人面对市场成为SBU（独立核算单位，Strategic Business Unit的缩写）"，就是为了让员工直接面对市场竞争和压力。例如采购专员自己负责采购的盈利和亏损，不再是单纯地买货和付款；制造部要对每一条生产线负责，且自己核算投入产出；同理，销售专员也要把产品当成一个市场甚至公司去经营。

2. 经理直接面对客户

海尔的经营管理模式大为不同，从以前的"正三角"型结构转变为"倒三角"。普通企业是按"正三角"表示员工等级，最顶尖是最高领导，顺序排下来是部长、处长，最底层是员工。这样就是员工直接接触客户，为客户服务。员工把客户的要求向上通报，等领导的指示和通过，这样对于满足客户要求方面就产生了滞后性。

用户一天一个想法，他们的需求可能随时会变，因此拿到客户订单只有一个诀窍：迅速行动。因此，海尔把职能结构变成了"倒三角"，由经理去直接接触客户，了解客户需求。上级的任务是为员工提供丰富的资源，员工再为用户服务。

从前是员工服从于领导，如今成了领导和员工一齐服从于客户；从前员工被动型听从领导安排，如今成为主动为客户创造需求。海尔的自主经营体系一是围绕员工为中心，高级管理层为员工提供丰富资源，以此确保能主动满足客户的需要。

自主经营体要想构建起"倒三角"型服务机制，是有三个要求的：双端对等、统一目标、倒逼体系。

第一个要求，"端到端"，指的是从客户端再到客户端，简单来说就是从上级经理了解客户的需求，直到满足了客户的需求。

第二个要求，"统一目标"，有了目标后，所有人视其为统一目标。如果客户想要两个月收到成品，而销售专员说需要三个月，这是不行的，从研发到成品的整个流程必须控制在客户要求的两个月之内。如果竞争对手许诺客户三天送货上门，海尔就许诺一天送上门，于是物流部门就得去调整运作流程，确保一天之内送到客户手上。

最后的要求是建立"倒逼体系"，指的是以制定的共同目标，倒逼以使团队的每个层级的人都能完成目标。

3. 人和市场相互协作

"人单合一"是指每个员工都有各自负责的订单，且一单一人。之所以出现许多"孤儿定单"，就是因为缺少专人负责。库存不清、应收款项等都是因为这个原因造成的。

首先这里先了解下订单的概念：订单其实是指市场，每个员工都需要直接面对市场，与市场连接在一起。那么如此看来，订单的数量和质量就和人的素质能力高低呈正比。越是素质高的人，其负责的订单质量也越好。获取大量优质的订单，就能减少库存，少一些应收款项。换句话说，市场体现出的订单质量，其实也体现了人的素质高低。所以，我们每个人应当把个人收益与订单相结合。"人单合一"，即人和市场站在同一战线，每个人都是创造市场价值的"SBU"，各自负责对应的市场。

"人单合一"的本质是直销直发，直销不是指直接向客户卖产品，而是直观地去了解客户的需要，帮助客户解决问题。在设计产品的时候要以客户要求为出发点，与客户一起探讨，融合了客户需求的产品一定会有人购买或者代理。

因此，直销不是要你直接出售产品，而是直接了解客户需求并帮助实现。同理，直销也就不仅仅是销售专员的职责，还包括企业体系内所有的设计专员、生产专员、采购专员等。

4. 如何做到"人单合一"

（1）使所有人都面向市场，面对客户需求，成为独立的SBU。比如制造部要对每一条生产线负责，且自己核算投入产出；同理，销售专员也要把产品当成一个市场甚至公司去经营。

（2）确认目标，倒逼团队。如果竞争对手许诺客户三天送货上门，海尔就许诺一天送上门，于是物流部门就得去调整运作流程就必须改变现有的经营状态，确保一天之内送到客户手上保证能够在一天送到。

（3）"人单合一"要求每个人都有专门负责的订单，每张订单都有负责人，避免造成"孤儿订单"。

模块化生长，自下而上控制

在过去，领导者采用的都是传统领导方式，你领导员工，员工听你的。现在则是领导者听员工的，员工听客户的，这就是现代新领导力，也是互联网时代的领导力。

1. 决策需要模块化的思维方式

互联网思维的产品思维则完全不同，它往往是自下而上发起的。互联网公司里，两三个人一商量，想做一个产品就可以去做了。刚刚做出一个不成熟的比如0.9版本的产品就把它放到网上，让用户使用并提意见，然后不停地进行迭代，增加用户需要的功能，最后产品就会变得越来越好。微信就是典型的例子，开始的时候，微信只有一个很小的团队，不停地改，版本从最早的1.0到了现在的5.2，就越来越受到大家的欢迎。

不管是个人还是企业都时刻面临决策，而决策都是需要理性思考之后才能做出的。影响决策的因素通常有很多，比如自身实力、自身心态、所处环境、所面临压力，以及个人性格等，草率做决定的结果难免会是南辕北辙的，发生方向性的错误只会让领导者自己的努力事倍功半，甚至会有相反的效果。

任何决策都不可能做到绝对的完美与天衣无缝。从企业自身角度来说，更多的是需要有活力与冲击力，即使有千疮百孔的短板，都要把自己最擅长的那一块长板发挥到淋漓尽致。

对领导者来说，要结合自身的客观现状与未来的目标，为自己谋划比较清晰的标签，在与企业共同成长的过程中不断完善自己，在沉淀之中让自己增值；领导者要与企业合拍，在企业发展的过程中找到自己的位置，跟上企业发展的脚步与节奏，确保自己不会随着企业的发展而被淘汰。

企业的健康成长的核心在于和谐。生存的基础在于内部生态系统之间的和谐，发展的前提是与外部生态系统之间的和谐，而要想提高存活率，不被残酷的竞争红海吞噬，领导者就要善于整合外部资源，形成企业的辅助生态系统。

企业不仅内外有别，而且在不同职能部门与不同的模块之间，都是很有别的。不同的人对应企业之中不同的模块、发挥不同的职能，领导者应该以全局观的角度，决定自己在企业的定位与言行；要以前瞻性为基础，决定自己在企业的定位。

理性地梳理之下，企业运营其实就这么几个问题：在内部的决策、管理、执行；业务、税务、法务；招聘、培训、离职；技术、产品、包装；平台、流程、策略；在外部的产业、政策、工商；传媒、广告、公关；渠道、加盟、代理；招商、铺货、回款；预警、应对、优化等。当领导者把事情进行模块化思考后，就能进行理性梳理。角度与思维方式各有不同，只有在各方面协调后，才能得到和谐共赢的发展。

2. 互联网思维是一种自下而上的控制

在积累了一定规模的粉丝以后，小米根据铁杆粉丝的需求设计相关产品，并进行小规模产品内测。这一步对于小米手机来说，就是预售工程机，让铁杆粉丝参与内测。第一批用户在使用工程机的过程中，会把意见反馈给小米的客服。小米客服再把意见反馈给设计部门，用户的意见直接可以影响产品的设计和性能，让产品快速完善。据说，小米手机三分之一的改进建议都来自于用户。

过去，企业会讲"用户至上、产品为王"，这种口号要么是自我标榜，要么真的是出于企业主的道德自律。但是，在消费者主权的互联网时代，"用户至上"成了一种不得不这样做的行为，得真心满足用户。

"连接"大于"拥有"，英雄不问出处

> 所谓的连接就是资源的有效整合。外部资源无限多，在互联网时代，如果想将企业发展好，如果想让自己的领导力充分发挥出来，就要学会将各种资源充分结合在一起。不管是什么资源，只要对自己有用就行。

诸葛亮被大家喻为智慧的化身，他一生中的很多传奇故事都跟"借"字有关：借天时、借地利、借人和、借荆州、借东风、草船借箭、借火、借雨等。在古时条件有限的环境下，诸葛亮充分利用了自然环境与人文环境的便利，成就了大业。其实，这也是资源链接的智慧。反观现代企业的管理，最缺乏的恰恰就是这种"连接"的智慧。如果要用一个词语来替代资源整合，那就是"连接"。

当下，中国的各类型的中小企业特别是民营企业虽然在中国占据了大半江山，但是多半处在"发育不良、参差不齐、寿命不长"的寻求发展道路的阶段，相对于国外的中小企业，中国的民营企业存在资金短缺、渠道无法打开、人才储备小等诸多问题。

这种情况下，被大企业吞并整合的概率就大大提升。如何才能打开市场，让小微和草根企业在这个无声的战争中杀出自己的一条血路来，让自己的企业做大做强？答案是："连接"大于"拥有"！

盖房子、买建材的时候人们一般都要自己采购，而互联网建材平台把中间商去掉了。过去，通过中间商代理，从厂商到客户，都从平台上过来，就是走平台管理。平台管理像一张桌子，互联网管理里最核心的点就是为这个大桌子起个名头。我要弄满汉全席，一看"满汉全席"，好，有吸引力！满汉全席就是一个平台。你会炒土豆丝吗？会，放这儿！猪肘子，好，放这儿！你会海带丝、鱿鱼……各做各的，都摆放到平台上面，客户只要来到这儿，就可以看到几百种、几千种的菜，而不是一个猪肘子。

这就是现在的管理思路，跟传统的思路完全不一样了。

当快的打车和滴滴打车流行时，出租车行业没有任何危机感，他们认为那只是软件而已，没有什么大发展，作为拥有百万车辆和司机的出租车公司是无法被软件影响的。

但当打车软件融入用户们的生活后，又推出了专车服务，专车开始影响出租车司机的业务量，此时的出租车司机才醒悟，想要回击并挽回损失。可是，软件打车如火如荼的发展势头锐不可挡。

通过这个事件，我们也略感惊奇，既无出租车又无司机的互联网公司竟然影响了出租车行业的生存。这就表明：连接资金比拥有资源更关键。连接是整合的关系链，而拥有资源者拥有的只是固定的财富，换句话说，现在的市场经济中，关系比财富更强大。

做平台提供者，建多方共赢生态圈

> 互联网时代是个共赢的时代，领导者要让自己的企业成为一个平台的提供者，将各方资源集合到一起，努力建立一个多方共赢的生态圈。

商业生态系统是网络的最高价值表现。将来，行业间的竞争不再是公司和公司间的直接竞争，而会变成平台间的互相比拼，更复杂的还有各生态圈间的竞争，单一性平台系统没有能力进行竞争。

腾讯、阿里巴巴、百度这三大互联网行业大佬就有其坚固的产业生态链，以搜索、电子商务、社交平台等为主要业务，因此哪怕是360这样的卓越企业也还是难以撼动传统互联网企业三巨头的坚固地位。

创建多主体、共利共赢的产业生态圈，才是平台经营的核心价值。马云表示，阿里巴巴主要有四种大业务方向，分别是：电商、金融、数据业务、物流业务。这四种业务模式，单一来看每一种都是独立平台，但四个平台又互相协作，就连接成一个完整的产业生态系统。因此阿里巴巴企业的本质其实是经营生态系统，先做基层建设：信用系统、支付体系、贸易体系、物流体系。

营销老手小米也在构建自己的平台和生态链，试图把软件、硬件和互联网互动、融合起来。

　　创建平台是企业必须考虑的一项硬指标，使平台生态化更是一种大的战略方向。从搭建基础平台到完成平台生态链，这是一个需要付出时间和精力的有序过程。使平台生态化不仅仅是搭建起一个平台，更是以平台为基本框架，成就一个拥有多元化服务的生态系统。互联网行业的企业要进行平台生态化，传统企业也需如此，例如万达广场。

　　假如仅是建设一个把住宅和商业中心融合在一起的、方便住户生活和购物的商业大厦，就只是建设个基础平台。可是，万达的产品不仅具有这些特色，还对入驻商户的品牌竞争力与产品质量进行了严格把控，因此万达的住宅属于一个都市高级生态区。这样一来，平台地位也提升上去了，能使用户有较好的生活质量，住宅地产也就容易销售了。

　　万达广场都是在较繁荣的都市中心驻扎，有了附近高质量的客户群和舒适的商业环境，入驻万达广场的商家也会相应地提升服务水平，增加商业收益。

　　越是高等的事物，越需要更多的时间和投入才能创造出价值。对于平台生态圈也是同理。平台生态区复杂多样，各系统交织进行，复杂的系统需要更多的维护。

　　人类一直都有群居生活和安全保障的体验需求，因此生态圈一开始就是建立在这样的需求上，此外，人类还有购物娱乐的需要，因此生态圈可以围绕商场或者购物大厦而建设，比如苏宁、永辉、万达。

　　随着产业化发展和互联网信息交流的火爆，生态圈也能在硬件厂商的基础上建立，比如大众丰台、福特等。

再随着互联网络的更新和应用软件的多元化需要，软件公司也能够建立生态圈，比如windows phone、微软等。

现在，由于互联网的火爆和人们生活、购物、社交需求的更加丰富，在互联网公司的服务器上也可以建立生态圈，比如天猫、淘宝、谷歌、途牛旅游等。

由此我们可以看出，随着科技的日新月异，平台生态圈也在从实体状态向虚拟状态更新。只是所有变化的前提是要以"满足时代的多元化需求"为平台生态圈的建设根本。

谁能预测时代发展趋势和把握当前时代关系，谁就能建立优质的平台生态圈。谁能满足多方需求，谁的平台就更有生命力，进而有机会营造出高质量的平台生态圈。在如今的互联网时代，怎样使自己领导的平台企业升级为平台生态圈？企业领导者该做什么？有四个方面可以作为参考。

1. 发现价值面，以此立足

由于众多价值链都有共同点，因此只要把握住其中的一点，为其创造高效率和高价值，就可以再以此为基础，去创建自己的企业基础平台。

2. 创造优势，拓展平台

创建了基础平台后，要建立一些自己容易创造、他人难以被超越、边际成本低的无形资本，如数据记录、用户行为习惯、技术等，只有这样才可以拓展基础平台。之后可借着网络的传播性，将平台做大做宽，发挥平台的优势和价值。

3. 构建辅助服务，创建生态圈

接下来就是创建生态圈，为平台增加更多有价值的环节，发展多项优质的衍生服务，以此使平台更具竞争力和黏性，为平台生态圈铺垫坚实基础。

4. 完善平台功能，稳固生态圈

信息产业的发展变化影响着平台生态链的价值。因此，要想维护平台生态链并使其壮大，就要完善平台生态圈的功能，使其向有竞争力和价值的方向发展，这才是企业未来生存的王道。

第五章
Chapter 5

跨界·超轨——突破行业藩篱的能力

　　互联网时代，人与人之间的交往更加便利，不管你处于哪个位置，只要拥有一台电脑或者一部手机，就可以和世界各地的好友进行联系。由此，地球成了一个名副其实的"地球村"。由此，企业的跨界营销就有了实现的可能。

　　与此同时，虽然现在各处都是智能硬件，各处都在讲物联网，但要想实现真正的"万物互联"，还有很长的路要走，这是未来的"互联网+"形态。

　　"互联网+"下，产业间的边界变得越来越模糊，行业与行业、项目与项目的融合越来越频繁，跨界成了当下的一种新常态，跨界思维也成了企业领导者打造商业模式的一种思维。

无边界的"地球村"时代

> 互联网的出现，让人与人之间的交往沟通更加方便，彼此之间即使不见面也可以进行联系，整个地球俨然变成了一个小村庄，企业间的合作也变得更加方便。

人类先后经历了农业革命、工业革命、信息革命，每一次产业技术革命都给人类的生产生活带来巨大而深刻的影响。现在，以互联网为代表的信息技术日新月异，引领了社会生产新变革，创造了人类生活的新空间，拓展了国家治理的新领域，极大地提高了人类的认识水平，人们认识世界、改造世界的能力得到了极大提高。

互联网的出现，让世界变成了"鸡犬之声相闻"的地球村，即使人们相隔万里也可以取得联系。从这个意义上来说，世界因互联网而多彩，生活因互联网而丰富。从诞生到进入人们生活，互联网的成长史虽然只有几十年，但已经体现出了自己存在的价值：互联网将深刻地影响人类社会文明进程。

当今时代，以信息技术为核心的新一轮科技革命正在孕育兴起，互联网日益成为创新驱动发展的先导力量，不仅让人们的生产生活发生了深刻改变，还有力地推动了社会的发展。目前，全世界网民数量达到30亿人，网络普及率达到40%，全球范围内实现了网络互联、信息互通。即使是世界上最偏僻的一角，只要接入互联网也就进入了人类的大家庭。同住地球村的"居民"借助互联网的力量，极大地拉近了彼此间的距离。

如今，网络经济已经成为世界经济发展速度最快、潜力最大、合作最活跃的一个领域，形成了世界网络大市场；一个短小的视频通过全世界网民的点击可以一夜之间成为全球流行文化的宠儿；提供高速的移动通信和无线宽带服务几乎已是各国旅游设施的标配。

当然，互联网的价值还远没有挖掘出来。20年前，中国全功能接入互联网，开启了与世界互联互通的新时代。20年中，从"K"时代到"G"时代，从互联网到移动互联网，从"英语世界"到海量中文，从互联网创业蓬勃发展到互联网拥抱传统行业，中国互联网一直都在致力于讲好"中国故事"。通过这样的努力，也让如今的中国成了全球网民数量最多的国家。

如今，在全球互联网十大巨头中有四家来自中国。中国互联网业的发展壮大也给世界带来了巨大机遇。

物联网正在延伸和扩展到任何物品

> 物联网是在互联网技术基础上延伸和扩展的一种网络，将用户端延伸到任何物品和物品之间，并进行信息交换和通信。

所谓物联网指的就是物物相连的互联网，这里包括两层意思：一，物联网的核心和基础仍然是互联网，它是在互联网基础上延伸和扩展的网络；其二，其用户端延伸和扩展到了任何物品与物品之间，可以有效进行信息交换和通信。

物联网把新一代IT技术充分运用在各行各业之中，具体地说，就是把感应器嵌入和装备到电网、铁路、桥梁、隧道、公路、建筑、供水系统、大坝、油气管道等各种物体中，然后将物联网与现有的互联网整合起来，实现人类社会与物理系统的整合。在这个整合的网络中，人类可以更加精细和动态地管理生产和生活，达到"智慧"状态，提高资源利用率和生产力水平，改善人与自然间的关系。如今，物联网已经被应用到国民经济和人类社会生活的方方面面，物联网革命也被称为是继计算机和互联网之后的"第三次信息技术革命"，信息时代的物联网无处不在。

1. 城市管理

（1）智能交通

物联网技术可以自动检测并报告公路、桥梁的"健康状况"，可以避免过载的车辆经过桥梁，也能够根据光线强度对路灯进行自动开关控制。

①在交通控制方面，通过检测设备，在道路拥堵或特殊情况时，系统可以自动调配红绿灯，可以向车主预告拥堵路段、推荐行驶最佳路线。

②在公交方面，物联网技术构建的智能公交系统通过综合运用网络通信、GIS地理信息、GPS定位及电子控制等手段，集智能运营调度、电子站牌发布、IC卡收费、ERP（快速公交系统）管理等于一体。通过该系统，可以详细掌握每辆公交车每天的运行状况。另外，在公交候车站台上，通过定位系统可以准确显示下一趟公交车需要等候的时间；人们还可以通过公交查询系统查询最佳的公交换乘方案。

停车难的问题在现代城市交通中已经引发社会各界的热烈关注，应用物联网技术可以帮助人们更好地找到车位。

（2）智能建筑

通过感应技术，建筑物内照明灯能自动调节光亮度，实现节能环保，建筑物的运作状况也能通过物联网及时发送给管理者。同时，建筑物与GPS系统实时相连接，可以在电子地图上准确、及时地反映出建筑物空间的地理位置、安全状况、人流量等信息。

（3）文物保护和数字博物馆

数字博物馆可以采用物联网技术，对文物保存环境的温度、湿度、光照、降尘和有害气体等进行长期监测和控制，建立起长期的藏品环境参数数据库；可以对文物藏品与环境影响因素之间的关系进行有效的研究，创造出最佳的文物保存环境，有效控制文物蜕变损坏。

（4）古迹、古树实时监测

通过物联网可以采集古迹、古树的年龄、气候、损毁等状态信息，及时做出数据分析，采用保护措施。在古迹保护上应用实时监测，能有选择地将有代表性的景点图像传递到互联网上，让景区对全世界做现场直播，扩大知名度，广泛吸引游客。另外，还可以实时建立景区内部的电子导游系统。

（5）数字图书馆和数字档案馆

在使用RFID（射频识别）设备的图书馆（档案馆），从文献的采访、分编、加工到流通、典藏和读者证卡，RFID标签和阅读器已经完全取代了原有的条码、磁条等传统设备。将RFID技术与图书馆数字化系统相结合，实现了架位标识、文献定位导航、智能分拣等。

应用物联网技术的自助图书馆，借书和还书都是自助的。借书时，借书人只要把身份证或借书卡插进读卡器，再把要借的书在扫描器上放一下就可以了。还书过程更简单，只要把书投进还书口，传送设备就会自动把书送到书库。通过扫描装置，工作人员能迅速知道书的类别和位置以进行分拣。

2. 数字家庭

如果简单地将家庭里的消费电子产品连接起来，只能得到一个多功能遥控器控制所有终端，仅仅实现了电视与电脑、手机的连接，并没有实现发展数字家庭产业的初衷。只有在连接家庭设备的同时，通过物联网，与外部的服务连接起来，才能真正实现服务与设备互动。

有了物联网，人们就可以在办公室指挥家庭电器的操作运行：在下班回家的途中，家里的饭菜已经煮熟，洗澡的热水已经烧好，个性化电视节目将会准点播放；家庭设施能够自动报修；冰箱里的食物能够自动补货……生活是多么方便！

3. 定位导航

物联网与卫星定位技术、GSM／GPRS／CDMA移动通信技术、GIS地理信息系统结合起来，能够在互联网和移动通信网络覆盖范围内使用GPS技术，这样不仅可以大大降低使用和维护成本，还能实现端到端的多向互动。

4. 现代物流管理

在物流商品中植入传感芯片（节点），供应链上的购买、生产制造、包装／装卸、堆栈、运输、配送／分销、出售、服务等每一个环节都能准确无误地被感知和掌握。将这些感知信息与后台的GIS／GPS数据库实现无缝结合，必然会成为一个强大的物流信息网络。

5. 防入侵系统

即通过成千上万个覆盖地面、栅栏和低空探测的传感节点，防止入侵者的翻越、偷渡、恐怖袭击等攻击性入侵。上海机场和上海世界博览会已成功采用了该技术。

据预测，到2035年前后，中国的物联网终端将达到数千亿个。随着物联网的应用普及，形成物联网标准规范和核心技术也会成为业界发展的重要举措！

企业的"有限竞争"和"无限竞争"

> 传统时代，企业间的竞争是有限的，不管是产品竞争还是渠道竞争，都是可以预测和控制的。可是互联网的出现让这种竞争变得更加多元化。随着网络的发展，企业间的竞争也呈现出无限的态势。

技术变革的速度和数量让人"始料不及"，新模式必然会把那些仍实施旧模式的人置于危险境地，如果想获得企业高效率的运作，就必须与产业内部和外部的技术协调一致。否则，企业要么主动破坏，要么被破坏。

互联网时代，全球化竞争存在"有限竞争"和"无限竞争"两种方式：其中，"有限竞争"是指企业一般都有着清晰的行业规则和行业界限，知道谁是竞争者；有明确的竞争范围和自己的生存领地，其主要目标是获胜、击败对手。"无限竞争"则没有时间限制，几乎没有规则和界限，对企业来说，生存才是硬道理。

其实，仔细研究就会发现，现在全球化的竞争趋势更倾向于无限竞争，敏捷、联盟、加速发展这三个特点就取代了"有限竞争、稳定性、利己主义和缓慢发展"。

"互联网+"态势下，各产业之间的边界越来越模糊，行业与行业、项目与项目间的交叉、融合也越来越频繁，跨界成为当下的一种新常态。可以说，跨界思维已成为当前企业商业模式打造过程中的一种流行的、不可或缺的思维模式。在我国，跨界做得较好的当属"BAT"三家巨头，它们在金融、教育、购物、视频、汽车等领域一直战火不断。比如，在汽车领域，百度与易到用车合作推出了商务租车服务"百度专车"，启动了"无人驾驶汽车"的研发计划；阿里巴巴花费近11亿美元，全资收购了高德，与国内最大的汽车制造商上汽集团共同打造了"互联网汽车"，推出了"一号专车"；借助旗下滴滴打车的优势，腾讯则推出一款名为"U优打车"的商务租车业务。

其实，在互联网市场上，这样的跨界案例非常多。要想实现跨界成功，领导者就要具备跨越性思维，有将不相关的事物联系在一起的延伸思维。

这里，给大家介绍几种跨界：

1. 渠道的跨界

所谓渠道跨界，指的是两个品牌基于渠道的共享进行合作。一直以来，营销渠道都是市场营销的重要环节，是产品占领市场的必要条件。对于快速消费品来说，占领了商超也就占领了市场。不同的产品或品牌跨越不同于常规的发行渠道，必然会获得不同领域的消费者。

网游与传统行业异业合作的方式一直为双方所认可，尤其是一些已经具有相当人气的大型端游，比如号称全球注册用户过千万的网游《魔兽世界》、国内同时在线人数于2011年就已突破57万人大关的《魔域》等。

跨界企业在合作的过程中，不仅将虚拟道具与传统企业所生产的产品进行了捆绑销售，游戏本身多年所积累的玩家也转化成了传统企业产品的潜在消费者。同时，传统企业产品还对网络游戏进行了有效的宣传，将更多的使用该传统产品的购买者在最短的时间里吸引到了网络游戏中。

在网游《魔域》的"圆梦计划"中有一项奖励——赠送出境外游。这是其与携程网合作推出的一项活动，即给玩家用户赠送了37.5万张每张面额为五千元的"任我行"旅游现金卡，极大地提高了信任度。

2. 产品的跨界

不相关联的两个产品之间相互关联、融合，不仅可以创新产品的概念，还能够以各自品牌的原有拥趸为新的目标人群，为消费者带来全新的品牌体验；原本毫不相干的元素相互渗透、相互融合，会带来别样的立体感和纵深感，产生新的亮点。

在场景化的企业结构里，任何两个产品，即使是毫无关联的，只要被使用在同一场景就有机会找到彼此的接触点，产生神奇的化学反应，形成互补的品牌链。

易到用车是一种高黏性与高频次应用的产品，其锁定"最后一公里"，将商务、旅行中的每个节点都实现了无缝连接。再加上遍布全国的专车、司机和服务过程，这样就构成了一个强大的场景。

易到用车这个场景足够真实，可以和很多品牌擦出火花，比如化妆品品牌静佳Jplus与易到联手推出了订制车载香氛精油，谷物品牌家乐氏与易到联合推出专车的早餐服务等。

在一个个通过场景形成跨界的过程中，品牌找到了与用户连接交互的密钥。

在微信公众号"罗辑思维"中，有个叫"罗辑实验"的产品，核心就是通过跨界完成深度连接。比如企业家教父柳传志来向年轻人请教移动互联网营销，李冰冰、黄晓明、任泉等Star VC来找项目，出版社来这儿卖书等……为什么？因为通过罗辑思维每天60秒的场景勾勒，能够与400万相关社群用户发生快速、直接、灵活的跨界连接，社群动力迅速地将朋友圈势能激活了。所以，"让甲方闭嘴"的项目才可以让广告界完成一次基于文案的华丽逆袭。

有场景、有连接，未来一切皆有可能！如果能够根据产品和服务类别去细分联想，定然可以发现更广阔的思路。越是跨界的组合，越能定义全新的品类！

3. 媒介的跨界

《我是歌手》总决赛这一综艺节目不仅在湖南卫视上进行了播放，还联合了全国11个城市的万达影院进行直播落地，搞得风风火火，热闹非凡。

跨界思维下，传统媒体的号召力再次被证明，创新的多媒体、多终端互动策略引发不同媒体受众之间相互影响，继而实现效应叠加、受众扩大的良好效果。

4. 行业（或产业）的跨界

万达通过跨界性思维，打破行业的壁垒，把地产与影视联合起来，把万达影视搞得有声有色；小米联合流行音乐代表人推出"女神版"小米NOTE等也是基于此。

如今，跨界联合正在成为一种流行的趋势，有力地推进了创新，大大缩短了产品和服务的创新时间。

"互联网＋"时代，"1+1>2"

> 传统行业之所以要进行跨界，无非是为了顺应市场趋势，进行产业升级，实现传统产业到新型产业的转型，而企业想实现这一目标就要依赖于互联网。借助互联网，企业可以实现更大的协同效果。

"互联网＋"时代下，跨界、跨行业成为社会经济发展的新常态，不论是"互联网＋"还是传统产业，都舍弃了传统的个人独占方式，融合成为企业发展不可避免的趋势。

京东入股永辉超市，结成了战略合作伙伴关系，永辉的产品、资源等可以全面接入京东，如此不仅进一步丰富了永辉超市的经营业态，还形成了区域化门店集群规模优势；而对京东来说，则可以借助永辉来尝试线下连锁实体店的电商化。

阿里巴巴与苏宁云商宣布达成战略合作，一个由线上到线下，一个从线下到线上，成了电商与传统零售商融合的最好代表，中国零售业史上金额最大的一桩股权交易也随之诞生。

中信银行与百度共同设立百信银行，开创了"金融＋互联网"的全新模式，实现了互联网公司与金融机构的核心优势首度对接。

……

显而易见，越来越多的传统产业已经和互联网企业并肩同行。在移动互联网迅猛发展的今天，企业提质增效已经离不开商业模式的创新，"互联网＋"成了实现经济转型升级的重要力量，必然会为实现产业转型升级贡献力量。

如今，"互联网＋"和传统产业正在深度跨界融合。不论是互联网企业还是传统生产企业的领导者，都要充分利用互联网这个工具，不断创新思维，有形的技术和商品与无形的互联网实现了融合，定然可以提高效率，在经济转型进程中发挥出更大的作用，释放出"1＋1＞2"的能量！

第六章
Chapter 6

循"数"管理——大数据究竟是什么?

互联网时代是个用数据说话的时代。互联网的出现确实给人们带来了巨大的便利,与之相随的是海量的数据。紧跟互联网时代步伐的企业已经发现了数据的巨大作用,他们通过对数据的挖掘已经找到了有利于企业发展的因子。

一则则鲜活的例子让我们认识了大数据的重要性。其实,大数据是领导者的"第二智商",努力挖掘大数据背后的秘密,可以让领导力无处不在!

大数据：未来可以预测

互联网时代的发展催生了大数据，对领导者而言，充分利用这些大数据，对大数据进行有效的搜集、分析和利用，可以对将来发生的事情进行有效的预测，从而提前做好预防的准备。

随着数字生活空间的普及，全球的信息总量正呈现爆炸式增长。借着这种趋势，大数据、云计算等新概念和新范式广泛兴起，引领了新一轮的互联网风潮。关于大数据，有这样几个例子：

案例1：

世界杯期间，谷歌、百度、微软和高盛等公司都推出了比赛结果预测平台。其中，百度的预测结果最为亮眼。百度对全程64场比赛进行了有效预测，准确率为67%，进入淘汰赛后的准确率为94%。

案例2:

Nike是全球最大的运动品牌公司之一,其曾在官网上公布了这样两则信息:"在冬天,美国人比欧洲和非洲人都更喜欢跑步这项运动,但美国人平均每次跑步的长度和时间都比欧洲人短。"所以,Nike对不同的市场区域做好不同的产品划分,运动鞋的设计也根据区域的不同做了独立调整。

在全球跑步爱好者中,每次的人均跑步时间为35分钟。同时,在跑步中听取的音乐点播率最高的是黑眼豆豆的《Pump it》,时间和歌曲的具体信息都可以直接影响Nike在下阶段市场营销的新想法。

Nike的成功和市场上的特立独行正是来源于对自身产品和消费者的数据挖掘,早在2006年,Nike就和苹果公司合作发布了捆绑iPod的NikePlus产品和平台。

案例3:

在发生海地地震时,海地人散落在全国各地。由于当地的通信本身并不发达,援助机构为弄清该向哪里提供援助而忙得四脚朝天。传统上,他们只能通过飞临灾区上空或赶赴灾区现场来查找需要援助的人群。

可是,一家独立的信息分析平台通过广播公布了手机短信紧急求助号码,收到了数千条有关被困人员的信息。散居在美国各地的大量海地裔美国人翻译了这些信息,并标注在"危机地图"上。接着,Ushahidi志愿者们向海地的美国海岸警卫队发送即时消息,告诉他们搜寻地点,最终成功营救了当地居民。

案例4:

英国的一名"80后"外汇交易员保罗·霍廷从三位信息学教授那里获

得灵感，随后推出了一款利用Twitter可以预测股票走势的对冲基金Derwent Capital，并大胆承诺其公司推出的交易策略可以获得的年回报率高达15%～20%。

保罗之所以会有如此的雄心豪情，主要得益于公司成功的测试效率。通过Twitter上的情绪性词语，保罗的公司预测道琼斯工业指数的变化。结果表明，人们在网上的情绪变化会在2～6天后影响到指数的变化，这使得他们预测的成功率高达87.6%。

不可否认，互联网给大数据预测应用的普及带来了便利条件。上面的这些例子都说明，大数据在很多方面已经进行了准确地预测。那么，什么是大数据？举个例子。

我说："老王，你该吃高压药了。"老王说："我没有高血压，我根本就不用吃药。"

我说："我已经对你连续进行了半年的监控，发现你的血压逐步在升高，再不吃药就无法控制了。"

老王不相信，可是用血压计一测不得不信："真是，你们怎么知道的？"

在此过程中，我们充分利用了大数据搜集，通过平时服务时搜集到的服务数据对老王的身体状态及发展趋势等分析出来的结论是——他该吃药了，这就是大数据分析。

同样的道理，在企业经营过程中，也可以充分利用大数据。

一次，我去上海讲课，当时当地正在流行H7N9禽流感，大批鸭子死亡。学员问我："从管理者的角度预测市场，这种禽流感会对我们生活产生哪些影响？"

我说："我们生活中在冬天用的最多的东西是什么？羽绒服！羽绒服里面的绒是什么？当然是鸭绒了。那么如果鸭子都死光了，羽绒服肯定要涨价。"

结果到年底，该地区每件羽绒服的价格平均涨了27%。

这就是相关性的大数据分析与预测。大数据就是新领导力！互联网时代，领导者要抓住数据的管理应用，要具备资料的搜集、分析和应用能力，构建领导力（如图3所示）。大数据可以预测市场，也可帮助企业选择新的发展方向，对于一个企业而言，内部管理出现的问题只会影响到企业运营秩序或管理上的混乱，而外部出现问题对企业来说则是致命的！外部问题就主要体现在对信息掌握的不对称，不能应对突发事件，调整企业转型方向。

对领导者来说，有句俗话可以概括管理："八十年代靠胆量，九十年代靠资金，如今靠什么？是智慧！"那么，什么是智慧？智慧从何而来？

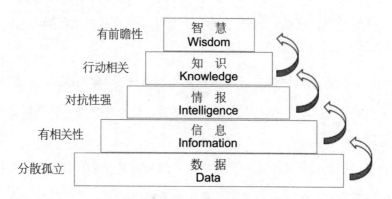

图3 从显性知识到隐性知识

　　智慧不单是个人经验和知识的积累，更重要的是大数据的升华，这是一个数据为王的时代，未来学家约翰·奈斯比特认为："未来社会的权力不是少数人手中的金钱，而多数人手中的信息。"真正产生价值的是情报，而情报的产生是通过搜集、分析而来的，如图4所示。

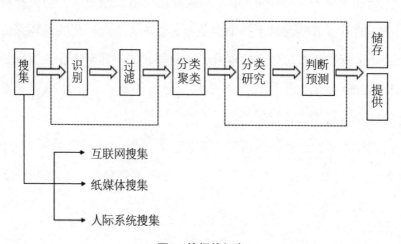

图4 情报从何来

我在河南一家企业工作时,这家企业的主业是煤炭物流,就是用煤矿出产的不同煤质配制出适合电厂用的热卡煤质。在2011年时,煤炭市场需求特别火爆,基本属于供不应求的情况。这家企业从两万元起家,发展到现今已经达到18亿元的资产、上千名员工,此时管理工作出现了重大问题,企业混乱不堪。在我接管这家企业后,对内部进行整顿,建立规章制度和管理流程,对下属的子公司进行重大调整,整顿亏损单位,该撤的撤掉,把有希望的子公司进行重新改组,建立好供应商和客户关系,不到两个月实现扭亏为盈,全面实现内部管理的制度化、规范化、流程化、系统化和科学化。

在2011年下半年时,市场不断收集到一些信息:一是银行开始紧缩贷款;二是房地产出现泡沫;三是广州一带不到一个月有两万多家企业倒闭,而且全是与房产有关系的企业……这些数据告诉我们,房产泡沫已经显现。于此同时,我们对全国36个一、二线城市进行调研,大部分城市所建的房产项目,入住率不到三分之一,有的更差,不到五分之一,有些城市基本成为"鬼城"。房地产行业的垮塌必然直接影响到56个行业,间接影响到108个行业,如图5所示。

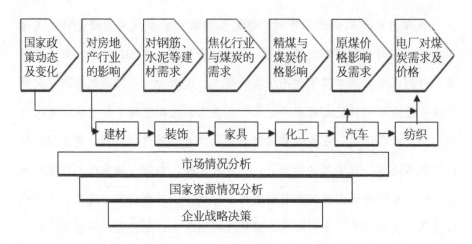

图5 房地产行业对煤炭企业的影响信息分析

　　而我们这家企业是做煤炭物流的，主要供应电厂用煤保障，电厂用煤有两个方面的保障体系：一是国家计划内供应，这部分价格低；一部分就是电厂自己从市场购买，这部分价格是随市场来确定的。我们保障的是市场这一部分，现在电厂所发的电都卖不出去，五台机组关掉三台，其余两台机组，国家计划煤就够了，谁还来买我们的电煤？根据这一情况，我分析：到2012年上半年，我们的业务就有全面停止的可能，目前所能做的就是尽快改变产业结构，重组部门，调整企业战略。经过全面数据收集和分析，可以选择两个方面的发展方向：一是生物肥项目，二是煤改油项目。最终确定生物肥项目，因为它用风化煤加生物菌发酵而成，这和我们目前的产品有极大关系。但最终因董事长不愿意放弃原有产业，对新的市场认识不足，没有认识到问题的严重性，未能达成目标，我们只能放弃。最后的结果是，不到两个月，原有业务在一夜之间全部终止，所有合同全部废止，到第四个月因银行贷款出现问题，企业被查封，领导人被监管，十多年的企业就在一夜之间烟消云散了。

这一案例说明，所有预测分析都是来源于市场微信号——大数据分析，找到其中的相关性，就可预测市场发展未来！同时也说明，企业内部管理得再好，如果外部出现问题，就是致命的。

近两年来，大数据被各企业、公众广泛讨论，甚至成为不少商家宣传营销的卖点。不可否认，智能设备的发展和普及确实让海量的数据采集成为可能。

大数据"魔镜"是适应社会的一种新型能力：它以一种前所未有的方式，通过对海量数据进行分析，获得巨大价值的产品和服务或深刻的洞见。大数据蕴含的发现事实、挖掘价值、预测未来的洞察力，也是各种大数据营销的理论出发点。

互联网时代，你在网上留下的每个足迹一定程度上代表了你需要什么。人们在网上的各类举动聚集了大量他们的"前兆性"行为数据，当企业及其领导者把这些数据搜集起来，就可发现背后的规律，通过进一步分析便可快速获取影响未来的信息。

这就意味着，借助大数据技术，我们的公司可以比以往任何时候都更加了解消费者，那些拥有消费者并能洞悉消费者行为的公司必然会成为未来社会的赢家。

有关数据化的三个神奇案例

关于数据化，可能很多人都不太理解，为了说明这个问题，这里选取了三个典型的案例供大家参考：一个是啤酒和尿布的故事，一个是塔吉特孕妇的故事，一个是风与木桶店关联的故事。读了它们之后，你就知道毫无关联的两件事是如何联系到一起的了。

一、啤酒与尿布

有一项特别有意思的调查，就是在一家超市中，啤酒和尿布这两种看起来没有任何联系的产品，它们的日销售量竟然呈同比增长，因此很多超市就把啤酒和尿布摆放在了同一商区，让人惊奇的是，这个办法竟然同时使两种产品销量上升了。

这不是在开玩笑，而是来自沃尔玛超市的一个真实案例，直到现在还被很多商家乐此不疲地讨论着。原因是这样的：很多妈妈在家看孩子，她们常常嘱咐下班回家的丈夫顺便买尿布回来，而丈夫买尿布的时候就顺带买了自己最爱的啤酒。

这个有趣的发现为商家带来了利益，但在这么不计其数又七零八落的数据中人们是怎么发现啤酒和尿布的连锁效应呢？我们又能得到什么启发？

　　其实就是关联！所谓关联，就是几个物品或是事情同时出现，且相互之间会有牵连和影响，啤酒和尿布就是两种关联物品。关联，表示事件间的依存或关联。从英文词典中能够查出relevance和association两个单词都有关联的意思，都用来表示事件间的相关程度。但relevance多用于互联网，例如搜索引擎算法中文档之间的关联性；而association多用于实际事物之间的联系，例如出售商品间的关联度；associationrules则表示关联规则。

　　若两个或者两个以上的事物间有关联，那我们就可以根据其中一个事物的数值去推测其他事物的数值。简单来说，我们可以用这样的公式来表示关联性：A→B，A是前提或者左部，而B则是结果或者右部，假如我们想要表示尿布和啤酒之间的关联性，就可以这样写：买尿布→买啤酒。

1. 关联算法的两个概念

　　支持度（Support）是关联算法的概念之一，就是数值表示了物品集中出现次数的概率。例如今日售出了2000件产品，其中同时售出尿布和啤酒的数量是200件，这样得出了关联的支持度是10%。

　　置信度（Confidence）是关联算法的另一概念，表示了数据集中出现A时，发生B的概率，置信度是这样计算的：A和B同时出现的概率/A出现的概率。

　　数据关联是数值中能被发现的一种重要数值。如果两个或者两个以上的事物发生的变量互相间有规律性，就是关联。简单关联、时序关联、因果关联又是关联常见的几种存在方式。我们挖掘数据关联是为了找出数据中各数值间的关联度，很多时候不知道或者不确定数据中的关联函数，就需要用到置信度这个规则。

发掘数据间的规律性就是寻找关联规则，这在数据关联中是个很有意义的题目，且这几年被很多行业普遍钻研。分析关联规则能够找出各项物品间的销售规律，表示出消费者的购买行为规律，也就是买了一种物品对其他物品产生的影响。研究出这些关联和结果有助于商店的营业，比如商品和货架应该如何摆放、库存放在哪里，以及从购买模式分析顾客分类等。

2. 关联规则的发展步骤

第一，重复操作辨别所有的频繁项目集，直到频繁项目集的支持度高于用户最低值。

第二，在频繁项目集里设定高于用户最低值的置信度，以形成关联规则。由此看出，辨别所有频繁项目集是关联规则的核心内容，而且计算量很大。

支持度和置信度这两种临界值对于关联规则来说是非常重要的概念。支持度是反映事物发生的频率，是数据库的重要项目。置信度是量度关联规则的真实度。

3. 挖掘关联数据的阶段

第一阶段是组合所有大数据资料，先发现高频项目组。

高频是相对于整体记录的，其中某一事物出现的次数过于频繁。以项目组A和B举例，先找出项目组的支持度，如果支持度≥最小支持度，那么A和B整体就是高频项目组。以v表示项目组包含的事物数量,达到最小支持度的v-itemset就是高频v-项目组,也可称为Largek或Frequentk。

第二阶段,是从高频项目组发生关联规则。

以最小可信度为前提,根据高频v-项目组来形成规则,找到满足最小可信度的规则,就产生了关联规则。要想产生关联规则,挖掘交易记录,首先要为最小支持度与最小可信度设定数值。举个例子解释,如果最小支持度为10%且最小可信度为70%,那么能够同时匹配这两个数值的才是关联规则。

以啤酒和尿布为例,如果最终发现了它们的关联规则,可以用公式表示为:

Support(支持度)≥10%,Confidence(置信度)≥70%。

Support≥10%在这个案例中表示:在所有商品的成交记录中,至少有10%的啤酒和尿布被同时购买。Confidence≥70%在这个案例中表示:在尿布的所有成交记录中,至少有70%的尿布交易同时会购买啤酒。

在啤酒和尿布的关联规则中,能够看出大部分购买尿布的顾客还会同时购买啤酒。所以,如果有顾客购买了尿布,商店就可以试着询问顾客是否需要购买啤酒。我们还可以依据关联规则去判定商店的货架拜访和推荐行为。

通过上述分析,还能发现关联规则比较适合在交易记录中指标取极差的方式。若是整体数据库中的指标值是连续性的数据,那么在挖掘关联规则前,应该把连续变化的数值分区间也就是离散化,在挖掘关联规则中,数据离散化是很重要的一项,只有进行合理正确的离散化,才能导出精确的关联规则。

二、塔吉特孕妇

Andrew Pole是一名数据统计员，2002年，他在塔吉特超市开始一份新工作。有一次，两个市场部的销售员碰巧遇见了他，问了他一个很有意思的问题，意思是在没有任何交流和接近的情况下，有没有办法能预测出一个孕妇什么时候将会生产。

2012年的一天，一个中年男人冲进了这家塔吉特超市质问经理为什么超市要向他还在上高中的女儿邮递尿布样品还有奶粉优惠券。"我的女儿并没有怀孕，难道你们是在鼓励她怀孕吗？"怒火中烧的父亲对此感到莫名其妙。

过了两天，超市经理亲自打电话向这位父亲道歉，但此时这位父亲却不好意思地反过来致歉，他的女儿是怀孕了，预产期在九月份，他是刚刚知道的。

对于商家来说，一个家庭如果即将有新生命出生，他们的消费习惯也会开始改变。所以引导顾客的消费观念、争取他们的满意度和忠诚度是非常必要的。时间就是金钱，对于竞争者，谁能提早预测到孩子出世，谁就抢得了商机。

塔吉特超市的数据团队找出了准妈妈的商品购买记录，且发现了二十多种具有关联规则的商品，由这些关联物就能大胆推论出她有怀孕的可能性，因此邮寄了婴儿尿布样品和奶粉优惠券，进行精确无误的营销。例如，准妈妈们在孕期中会大批采购无香精无香味的沐浴露。

而怀孕近五个月的孕妇会大量采购叶酸、铁、锌等营养品。当孕妇增加商品购买的种类和数量时，比如产妇卫生巾、湿纸巾、大包棉花球等，这个时候的孕妇可能就要生产了。

塔吉特超市从2002年就开始采集数据，分析计算顾客的交易记录，2010年，超市年收益为670亿美元，相比2002年的440亿美元增长了不少，这就是数据分析带来的强大推动力。

三、风与木桶店

听过一个笑话："大风刮起来，木桶店就能赚钱。"看起来毫无联系的两种事物大风和木桶背后，是怎样引发了这样的结果呢？有人是这样解释的： 大风吹起→飞沙走石→盲人增多→盲人琵琶乐师增多→盲人乐师用猫毛代替琵琶弦→猫的数量减少→老鼠的数量增加→老鼠爱咬木桶→木桶需求增大→木桶店就能赚钱。这个联想过程大致是有理可循的，中间环节和最后结论都十分有趣——而在才思枯竭时，多进行联想可能对实际事物有帮助。

创意来源于联想，很多具有创新的设计和主意都是由联想先得来的。"联"和"想"不能独立进行，必须一鼓作气去进行。例如，登陆月球就是来源于人们对嫦娥奔月的幻想，是靠运用丰富的想象力把两者进行了关联。

因此联想不只是回忆，而是把回忆与自己有兴趣的事物连接起来。对创意来说也是同理，就是把看起来没有联系的事物进行内部特质的关联，不只是单一地回想。具有丰富的想象力的创意具有如下特色：

1. 独创心意

联想要具有特色，要独具匠心、出乎意料，而不是平平常常、数见不鲜。有这样一个故事，有一个日本人写过一本有关家庭生活的书，里面有一小节提到"洗衣机不仅能洗衣服，还可以用它来洗碗"，这个想法让很多人无法理解并遭到反对，认为这样绝对很不卫生。可没过多久，法国人就发明了这种两用机，既能洗衣服又能洗碗，对开车旅行的人来说非常实用。

2. 归于现实

创意的进行既要独具匠心，还要归于实际和现实，这样才能使联想达到完美可实行的状态。在美国北部一城市，高压电线再次被一场大雪压住并压断，为此政府召开了一场商讨会，首先要如何除雪，有人利用高温化雪的原理联想到可以在线路上安装加温设备；还有人说振动能把雪抖落掉，可以试着安装振动器。

这些创意听起来合情合理，可施行起来成本高昂，掺杂着各种技术难题，因而难以进行，不被采纳。再后来，有人建议可以利用直升机的速度和强劲风力，说不定能吹落高压电线上的雪，所以只要开来一架直升机就行了。这个创意又奇特又实际，成本不高，还能迅速地解决问题，因而最终被采纳。

3. 激发灵感

丰富的联系能层层递进灵感，发现解决方案，引发势不可挡的创意想法过程。很多创新观念和设计都是先由联想引发而来的，联想是创意生长的幼苗，所有创意都需要联想的浇灌。如果领导者觉得自己的生活和所管理的事务是一潭死水、毫无创意，那么可以试着异想天开，随意幻想，说不定什么时候就能发现有趣的惊喜呢。

大数据思维：领导者的"第二智商"

> 充分利用大数据确实可以给企业的发展带来便利，因此领导者必须具备一定的大数据思维。要懂得收集和整理数据的必要性，要掌握分析大数据的具体方法，要根据最终的结论找到改善产品的方法。因为，大数据思维是领导者的"第二智商"。

对于企业领导者，以传统的经营管理模式进行精确而科学的判断是特别难的，因为在新的互联网时代，特别是随着电子商务、移动互联、社交网络等新型经营模式的发展，传统的决策方式受到很大限制，领导者想要完全靠自己做出精准无误的决策，是困难的。

对于这种大数据时代导出的"非结构数据"信息，用传统的企业经营决策方式是没办法处理的。其实科学的经营决策说起来也容易，关键在于随着大数据技术的普及，企业领导者必须改变自己的经营和决策方式。

当企业领导者在做决策时，他们中的很多人都习惯于找"问题发生的原因"。尽管领导者此时是如此迫切地想找到问题原因，但大多数情况下反而越来越乱，甚至被引导到错误的方向。在大数据时代，决策是否精准和问题为什么发生已经不是最重要的，现在需要更加注重的是大数据本身，是用数据对经营决策做相关性分析，这也就颠覆了传统的企业经营决策模式。

其实，大数据在互联网行业已经是一种普及化的应用了，企业可以通过分析大数据进行内部运营和决策。Zynga游戏公司修改游戏的后台数据，航空公司决定机票打折，预测航班是否会延误；金融业对客户进行个人信用风险评估，这都是根据大数据来决策的；快递行业开发客户群和行驶路线，也是依据大数据做出的判断；国外对繁华地区进行安全监控，预测最频繁发生火灾和爆炸的地方，这些也是大数据带来的便利；商城依据消费者的交易记录找到关联规则和目标客户等，都是大数据带来的效益。

这些活动的进行都表明了我们在改变自己的决策方式。决策思维方式的转变是大数据对企业领导者的最大改变，即："不随机取样，看全部数据""数据要多、杂""找数据的相关联系"。我们不用再去追寻事物发生的原因，主要是看发生的结果，也就是注重"是什么"，不管"为什么"。

企业领导者不用等到原因清楚了再做决断，而是经过分析大数据能够得到结果，再做出判断和决策。由于大数据不是依赖于企业业务的因果关系，而是数据的相关性分析和敏感性分析，所以，在特殊情况下，企业领导者哪怕对业务是陌生的，只要依据对大数据的分析就能判断出问题"是什么"，就能够做出精确的决策。大数据不再让企业领导者拘泥于眼前的因果联系,而是转变决策思维模式,去追寻"是什么"。

基于大数据的分析和研发能力已经成为宝洁公司的DNA。以玉兰油一款新上市的男士护肤品为例,首先,宝洁会思考:男士最喜欢的是什么东西,或者最关心的问题是什么?过去,为了找到答案,宝洁通常会去做ABCD类调研,但现在更多会去做数据挖掘。通过百度数据分析发现,很多消费者对玉兰油产品的年龄定位比较模糊,不同地域对品牌的关注点、兴趣点也有明显不同。筛选之后,就会找到男性消费者最关心的三个需求:控油、收缩毛孔和祛痘,将其反映到开发团队,研发专门产品。接下来,这三个功能还会对包装颜色产生影响,比如可能选择黑色、绿色或蓝色,但一定不会用红色和黄色。

产品上线后,应该分销到哪些地方?如何找到目标人群?他们住在什么地方?需要进一步对社交数据和宝洁生活家会员数据库进行挖掘。这时可以给感兴趣的生活家会员发放试用品,做一些小测试,再根据其反馈回来的信息进行项目调整。当然,这部分测试是可以通过淘宝平台等购买数据完成的。

如今,大数据已经普及到各个行业,数据站在了企业内部的很高地位,成为核心资本和创新推动力。拥有大规模的数据、高质量的信息收集、分析、运用数据的驱动力,这些都将影响一个企业的核心竞争力。

熟练运用数据就能够把控市场,预示着能有高额的投资回馈。假如领导者依旧凭借业务情况和个人经验进行市场预测,可能会使决策失误，引发经济风险。最精确高效的方式是：企业收集内部和外部的大数据，筛选有效信息，对数据进行智能化分析和决策。有调查统计：在美国，对数据的智能化分析每增多10%，产品和服务质量就会增加超过14%。

传统企业经营决策过程一般是"事后诸葛"，也就是事后找原因，但大数据改变了这种无济于事的状态，企业决策转向了"事前预测"。在大数据时代，原材料、设备、客户和市场等这些因素经常变动，"事后诸葛"这一传统决策方式根本无法跟进这些变化。企业领导者想要进行"事前预测"完全不用担心没保障，因为大数据为此做出了稳固的技术支持和可行性。

全球网络研究权威巴拉巴西认为：93%的人类行为是能够被预见的。当我们的生活更加模型化、数字化和公式化时，就会感觉到所有人都特别相似。生活排斥随机性，盼望安全感和有规则的生活方向，尽管人类的举动看上去都是那么随机、无意，可其实都是能通过分析大数据而被预测的。

大数据不是因果关系,而是相关关系

> 大数据时代,人们的关注点都在事物之间的彼此联系上,事物彼此联系在一起,就会形成最终的事物。这时候,不同的事物之间仅仅是彼此联系在一起的,不存在任何因果关系。

大数据时代最有意义的变革是注重相关联系的分析,不再关注因果关系,简单来说就是只想了解"是什么",不再纠结"为什么"。因此,这个时候,企业领导者没有必要苦苦追求事件背后的原因,只需要依赖大数据去分析并决策。

亚马孙曾经聘用过一个图书团队,由20多名编辑和书评家组成,他们推荐新书、写书评、把有特色或者畅销的书放在网站首页,最后还设立了"亚马孙的声音"这个板块,这个板块为网站带来了丰富的浏览量,增加了购买人群,是当时最有优势的竞争方式。由于该团队的评书、荐书,才为亚马孙打开了数量畅销的大门。

再后来,亚马孙又有了新的决策,他们依据客户从前的购书习惯为客户推荐对应的书籍种类。这时的亚马孙已渐渐掌握了更多客户的数据信息。例如,这是新客户还是老客户;他们最近一年买了什么种类的书;他们最近浏览了什么书;他们浏览过什么书最后却没有买等。

依据大数据信息做出分析和决策，再向客户推送对应的书籍服务。没想到通过大数据的统计和计算机做出的推荐，书籍的销量比从前专家团队做出的销量还要高一百倍。因此，专家团队从此也就被取缔了。

从亚马孙的案例看出，他们只是通过计算机系统推荐了相关联系的一些服务，但却有了非常好的效果，其实当时他们也不知道这是为什么。可见，大数据时代下，我们明白"是什么"就行了，不用非要去纠结"为什么"。

能够找到具有相关联系的关联物，可以辅助我们去分析现在和预见将来。假如A和B总是同时发生，此时如果我们知道B发生了，那么就可以大胆推论A也发生了。

2000年，UPS国际快递公司开始通过推测性分析来监控其六万辆规模的车辆，这样可以提前进行维护和修理，避免麻烦。假如车突然在路上抛锚，这带来的损失会很大，因为如果这样还得再派出一辆车，这既会使运输延误，又会造成重新装运的负担，再次花费时间和金钱。因此，为了预测性地防止此类事件发生，以前UPS会定时更换车辆零件，定时维修保养。

可这种方式其实不太好，由于有些零件并没有损坏就被更换掉，这也带来了很大损失。现在UPS有了新的改进方式，就是只检测车辆的细节部位，只更换有毛病的零件，这样就节省了好几百万美元。这种监测方式甚至还帮UPS发现过新车的零件有毛病，以此避免了未知的麻烦。

其实关于这一点,可以自己做个小测试,在百度或者谷歌搜索一个关键词,你就能看到所有关于这个词的网页信息。这就是所谓的大数据,不用告诉搜索引擎你为什么要搜索这个,只要让它知道你想搜索这个就行了。

大数据不会管"为什么",只提供"是什么",因此它不是因果联系,而是相关联系。总之,大数据的三个特点是:多、杂、优。它针对将来,为以后做预测。拥有了大数据,再找到能监测它的关联事物,或许我们就可以预测未来。

让数据变为领导者无处不在的"第三只眼"

> 通过对大数据的分析,可以发现背后的问题,这样就无异于在领导者背后多了一只眼睛,可以让领导者及早发展问题、解决问题。

有个很火的段子一度在各大网站和论坛疯狂转载,尽管有一点夸张,但这个段子预测了大数据给我们的日常生活带来的影响,甚至可以说对生活造成了困扰。

某比萨店的叫餐专线响起,服务员接起电话。

服务员："你好，这是XX比萨店，请问您有什么需要？"

顾客："你好，现在能不能定一份……"

服务员："先生，可以告诉下你的会员卡号吗？"

顾客："54879362×××。"

服务员："张先生，你的家庭住址是文华路11号22栋楼10楼1002，你的公司地址是清河路18号××商务大厦2楼206，您家电话是9895××××，公司电话是8755××××，你手机号是1558789××××××。请问您想用哪一个电话订餐付费？送餐到哪个地址？"

顾客："你怎么知道我这么多电话和地址呢？"

服务员："张先生，因为我们有联机到CRM客户系统。"

顾客："我想知道现在能不能定一份豪华至尊比萨……"

服务员："张先生，豪华至尊比萨里含有多种肉类，并不适合你。"

顾客："为什么啊？"

服务员："从您的医疗信息来看，你的胆固醇和脂肪肝都偏高。"

顾客："那有什么是适合我的？"

服务员："推荐给您低脂水果比萨。"

顾客："你怎么知道我应该吃低脂食品？"

服务员："这周二你在市图书馆借阅了一本《健康饮食之水果篇》。"

顾客："那好吧。那我定一份最大号，够五个人吃吗，多少钱？"

服务员："149元，足够一家五口吃的。不过建议你的父亲少食用，他这个月刚做完心脏搭桥手术，这个阶段不宜吃太多比萨。"

顾客:"好的,谢谢,可以刷卡吗?"

服务员:"张先生,不好意思,请付现金吧,因为你有两张信用卡都已经透支了,还没有还清贷款。"

顾客:"那我先去找个ATM机取款吧。"

服务员:"张先生,从我们这边的记录显示,你今日取款限额已达上限。"

顾客:"好吧,那可以把比萨送到我的家里吗,我家里还有现金,大概多久能送到?"

服务员:"大约半个小时。如果你等不及,也可以骑车来取。"

顾客:"为什么?"

服务员:"CRM有车辆全球定位系统,从系统来看,你有一辆车号为SJ-872的摩托车,而且你现在正在骑着这辆摩托车行驶在新华路西段龙裕商场的左侧,距离我们店很近。"

顾客一惊,差点晕厥。

从这个段子看出,我们如今已经开始了大数据时代,各行业数据的广泛收集和应用确实为人们提供了便捷的服务,可同时也带来了不好的一面:个人信息曝光,隐私不受保护,完全的透明化让人没有安全感。

大数据的核心内容是预测,企业在拥有了大量数据信息的前提下,再经过高科技软件进行筛选、分析、推测,就能开发出巨大潜力的产品和个性化服务,才能稳立于市场竞争中。令人喜忧参半的是,大数据在为企业和客户带来便捷服务的同时,也造成了个人信息高度曝光和被非法利用的可能性，大数据是把双刃剑。

信息随处可见，这从人们的行为举止上就能看出来，只不过我们自己往往后知后觉，还把信息自动"送上门"给别人。我们在使用QQ聊天时，腾讯就获取了我们全部的隐私信息；我们在淘宝购物时，淘宝就获取了我们的地址、电话、银行账户；我们在刷微博关注天下事时，新浪就获取了我们的爱好、私信等信息；我们在用百度地图时，百度就获取了我们的家庭地址、公司地址。

在各有利弊的大数据时代，我们应该建立一个特色的个人信息使用模式，这种模式要对数据使用者进行约束，即要让他们承担数据使用的后果，而不是在收集数据初期只是获得用户同意，之后就不管的状况。把数据使用的责任从大众转向到数据使用者的身上是有必要的，他们获取了大众的信息去进行其他活动，他们应当为自己的行为负责任。

总之，大数据不注重隐私保护对于大众是很危险的，甚至会引发灾难。在没有严密的隐私保护情况下，我们在运用大数据时要注意保护与自己人身和财产安全有关系的个人信息，慎重外露。

第七章
Chapter 7

细节管理——提高单兵作战能力，促进团队协调力

　　领导力的实现离不开团队的管理，离不开细节管理。想要提高单兵作战的反应能力，促进团队整体协调力的提升，领导者就要懂得分享，能够和员工共享信息资源。

　　互联网时代，团队领导力的提升也对领导者提出了一项新要求。团队领导力不仅是将团队组织起来就行，还需要从思维上进行转变。团队建设需要不同专业、不同素质的人才组合，员工没有好坏，领导的能力有好坏之分，用人一定要得当，不同的岗位需要不同的人才，要量才用人。

"互联网+"的本质——信息共享

> "互联网+"时代，如果想增加团队的战斗力，就要实现信息共享，这样大家可以一起发现问题、解决问题。只是将信息固守在自己手里，不仅无法将信息的作用充分发挥出来，还不利于成员能力的发挥。

在生活中，我们经常会有这样的感受：自己遇到开心事的时候，通常想立刻告诉其他人，希望他人和我们一起分享这份快乐。

不可否认，从心理学上来说，人的情绪是很容易传染给四周的。不论是积极的情绪还是消极的情绪，都是如此，因此经常会出现这样的场景：当你因为悲伤而哭泣时，周围的朋友也会陪你一起流下眼泪；当看到对方开心的时候，你也会感到很愉快。这样，消极的情绪就会得到缓解，积极的情绪也能够得到及时有效的传播，从这个意义上来说，分享也是一种极具影响力的群体沟通和相处的方式。

领导者所领导的团队是一个群体，而且是一个由优秀人才构建起来的群体。你和团队成员聚在一起，不仅只是为着一个共同的目标而协同工作，你和他们之间也是需要情感维系的，只不过很多领导者都忽略了这一点。

领导者和团队是交织在一起的，在工作中，要和团队成员齐心协力；在生活中，要和他们形成一种"家庭式"的情感，要让他们感受到这是一个"同呼吸，共命运"的组织，如此才能提高团队的效率，促使大家一起为未来而努力。

当然，要想实现这个目的，领导者首先要学会分享。不要狭义地理解分享，这里所谓的"分享"不是仅仅分享最终的成果，而是一边分享过程一边分享成果、一边分享工作一边分享生活。例如，在平时工作中与员工分享目标、分享信息、分享工作方法和经验等；在生活上，为促进团队的情感交流可以经常组织一些团队活动；取得成果时，领导者一定要与员工一起分享，进行即时的庆祝，并在适当的时候对团队成员进行嘉奖。

1. 和员工一起分享信息

有些领导者认为，团队中如果强调"分享"就没有私人空间了，大可不必。其实，这里所说的"分享"并不是说团队里每个人的每件事情都要拿出来和大家一起分享，而是只要能够推进工作，任何事情都可以进行分享，努力营造一个公正、公开、公平、和谐、愉快的工作氛围，激发团队精神和团队凝聚力，努力让分享成为一种团队文化。

著名管理大师肯·布兰佳在《一分钟经理人（团队版）》一书中就

强调了团队信息共享的重要性。在团队内部，如果信息无法达到共享状态，工作效率是无法提高的。

一家汽车配件厂中，工人的具体工作是用一台重达800吨的冲压设备加工零部件。后来，配件厂打算冲压一种新的零部件，可是现有的设备已经无法满足这种新零部件的要求，必须为该巨型设备更换模具。

工人们将需要更换的模具从设备上拆卸下来，暂停了生产，此时他们闲下来的产值为零。虽然想了很多办法，可工人们更换模具的平均时间依然需要两个半小时。

一天，经理开会的时候提到，有些国家的工人更换相同尺寸的冲压模具只要10分钟就可以搞定。工人们不相信，因为他们认为，仅仅凭人力是根本做不到这一点的。但听到这则消息后，工人们决定一定要学会如何尽可能地减少更换时间。

经过不断的分析，工人们在新技术上掀起了头脑风暴，他们冥思苦想，逐渐地将更换时间一点点地降了下来。在项目启动后的不到一年的时间里，工人便将更换时间降到了五分钟，节约了大量的工时，这一改进为配件厂增加了400万元的产值。

不可否认，之所以会取得最后的结果，主要在于领导者将相关信息告诉了团队的工人，而工人们根据这条信息才创造出了最后的成绩。这告诉我们，在团队内部形成共享机制是多么重要。

获得更多信息的使用权，可以让团队成员感受到他们在以往传统的工作组织中所不曾拥有的自豪感和主人翁感，有助于减轻领导者与员工之间产生的不良情绪。这样还传递出了一条强有力的信息——每个人都朝着同一目标共同努力。

在互联网时代，产品需要快速迭代。团队信息共享是帮助产品快速迭代的一大法宝：可以减少团队沟通成本、增强成员团队意识、推动开发流程闭环等；相反，如果信息不透明，就会增加团队成员之间的不信任感、增加"等待"时间，这也是一些产品延期和失败的重要原因。

在一个团队中，分享应该成为平时工作的一个常态，从最初的分享目标，到最终目标实现后的分享成果。

分享需贯穿始终，这其实是一种特殊团队沟通，不同于前面章节所提到的领导者一对一，或是一对多的沟通，而是采用了团队成员多对多的沟通方式。

分享让团队内部的资源充分得到共享，让每一个人心中都怀着对这个集体的深厚感情和美好愿望，并积极地为共同的辉煌未来而努力。

作为领导者，如果你还在团队中采用封闭式管理，你的属下还处在一种"自扫门前雪"的状态，你还保守地认为员工只需要知道他们所干的活儿就行了，那么你有必要从今天起就寻求改变。

2. 和员工分享企业成果

当员工自己投入工作，他会像一个背着一大堆东西的独行者，因此如果想发现新的东西就必须相互交流、共享信息。

当然，在所有的分享当中，成果的分享无疑是最激动人心的。团队一起努力了很久，终于实现了目标，公司获得了收益。这时个人的腰包也跟着鼓起来，是一件让员工非常欢欣鼓舞的事。

领导者要把员工看作是企业最重要的财富，不要把他们看成是企业利润的抢夺者。优秀的领导者不仅会让公司富起来，更会让员工也跟着富起来。和员工分享企业发展的成果，可以调动员工更大的积极性，从而创造更多的财富。

许多著名的企业都制定了利益分享的措施，企业的利益由员工和企业共同分享。美国汽车大王亨利·福特就在福特汽车公司内部实施了利益分享的制度。

1908年，福特汽车公司制造的T型汽车成为最受美国人欢迎的车型，也成为一款真正属于普通人的汽车。在1909到1914年间，福特汽车始终保持着旺盛的销售形势。

亨利·福特并没有趁机涨价，大赚一笔，而是信守着他的商业宗旨"薄利多销总比少卖多赚好得多"，不让消费者失望。同时，亨利·福特也和员工们分享着企业的成功，福特公司开创了世界工业史上从来没有过的、在工人报酬方面的伟大革命。

亨利·福特曾主动提出将工人的工资比原来增加一倍，而且凡年满22岁的工人都可以享受公司利润中的这一份，如果工人有眷属需要抚养，即使没有年满22岁也可以享受这一待遇。凭借这样的利益分享措施，使得福特汽车公司的员工得到了极大的激励，提高了工作效率，也推动了福特汽车公司的发展。

　　这些案例告诉领导者：只有认识到员工的价值，和员工分享企业发展的成果，才能够和员工建立和谐的关系，推动企业的可持续发展。通过克扣员工来增加企业利润的相对量的短视思想，只能让企业限制在一个狭小的发展空间里。

信息化——企业快速地进行迭代式开发的基础

　　产品的发展离不开创新，产品的迭代离不开创新，而所有的这一切都离不开信息。从这个意义上来说，信息化是企业快速进行迭代式开发的重要基础。

　　管理信息化是指广泛利用现代信息技术，开发信息资源，把先进技术、管理理念引入到管理流程中，实现管理自动化，提高企业管理效率和水平，从而促进管理现代化，转换经营机制，建立现代企业制度，实现有效降低成本，加快技术进步，增强核心竞争力……一句话，信息化的实现，会使企业的生产经营模式发生深刻的变化。

　　对信息的快速反应能力是检验工作效率和竞争力的重要标志，建立企业和部门信息网络，实现信息化既是社会需求，也是企业适应市场、促进自身发展的需要。

　　随着信息化技术的发展和企业改革的不断深入，领导方式也正在向创新管理转变。为了适应企业管理方式的变革，领导者必须加强企业管理信息化创新方面的建设。

1. 信息化管理的创新有利于企业发展

（1）管理创新是企业发展的内在需求

在"互联网+"时代，创新是赢得竞争的根本保证。信息化管理是企业未来生产和发展的基础，能够帮助企业由单项创新向综合创新发展、由个人创新向群体创新发展，有效推动全面创新。

（2）信息化管理是解决管理问题的有效措施

信息化管理不仅可以使企业的经营运作透明化，还可以有效解决生产经营活动的不透明、难以监控等问题，从而避免出现资产流失、生产能力低下、组织机构冗余等问题。同时，它还可以指导促进企业内各部门、各环节的沟通和协调，帮助企业收集外部、内部信息，经过研究和分析，做出正确的决策，让企业获得全面发展。

（3）信息化与创新相结合是企业发展的必然选择

在"互联网+"时代，传统的管理理念与模式已经无法适应当前的信息社会，企业要想取胜必须依靠信息与创新，信息与创新已经成为一种战略资源。

企业的管理创新与信息化是"互联网+"经济发展的需要，如果企业在信息化建设中失去了有利地位，多半会被市场淘汰。

2. 企业信息化管理创新的途径

在"互联网+"时代，只有充分利用信息技术进行管理创新，企业才能在竞争对手如林的市场站稳一席之地。

今天，很多企业在信息系统建设方面虽然投资很大，但是并没有取得预期的效果，其中一个重要原因就在于，企业在应用信息技术时是直接将手工业务处理方式计算机化，并没有对许多在新技术条件下与原有流程不符合或无效的工作和流程进行改革。事实证明，只有对业务流程进行优化创新，才能使企业在信息化建设上获得真正的回报。

（1）业务流程优化的内涵

所谓"业务流程优化"就是对业务流程这个动态过程进行创新与优化，这一优化是从根本上对原来的管理业务流程做重新思考和重新设计，把垂直的直线职能型管理业务流程结构转变成平等的流程网络型结构。

（2）业务流程优化的原则

企业进行业务流程优化应遵循以下原则：重视流程最优，不重部门职能的原则；整体最优原则；顾客满意原则；利用信息技术手段协调矛盾原则。

（3）业务流程优化的实施

企业经营情况不同，业务流程优化的具体方案也不尽相同。但总体来说，企业流程优化可分为四个阶段，如表1所示。

表1 业务流程化实施阶段

阶 段	说 明
识别流程	改变思维习惯，树立企业运作的流程观，把各种各样的流程识别出来。可以通过流程图来直观地将各个流程中各项活动关系反映出来。
确定关键流程	在众多流程中，应该对哪些流程进行优化，是需要选择的。可以依据以下三条原则确定关键流程：问题严重、机能失调的；举足轻重，影响巨大的；切实可行的。
重新设计流程	重新设计现行流程，以获得全新的流程，这是流程优化过程中最困难和最富挑战性的环节。在这个过程中，识别关键要素是非常重要的。
实施和运行新流程	企业在确定实施方案后，要先在小范围内试验，发现问题随时调整。经过审慎的试验后，就可以将新的业务流程投入到实际的运行中。

3. 企业信息化过程中常见的误区

在企业信息化的过程中，经常会出现以下几种误区，一定要加以杜绝。

（1）所有的问题都是软件的问题

企业信息化的问题不是仅用软件就能解决的，这里面还有很多其他的问题，比如企业文化的问题、变革的问题。

软件是为企业业务服务的，新系统进场时会给企业现有的业务流程、工作方式等带来改变，而这些改变常常会对一线人员带来一些负担。如何让基层员工主动来配合或适应这些变化，如何消除或降低基层对变革的抵触，这就并不是软件的问题。

（2）基层用户只要拿到软件去用即可

企业基层在工作中也会遇到很多问题，也需要有人能帮他们解决问题，而不是简单地由外面来强加一套程序要求他用。很多时候，实际的工作情况并不是远离一线的领导者所想象的那样，更不是另一家公司的程序员所能理解的。如果对一线工作不理解，又没有让一线人员参与到整个程序的开发过程中，做出来的东西自然就不适用。

（3）可以靠行政手段实现信息化

这一点是长期处于权力中心的人最愿意相信的假象。传统企业中，有些领导者认为通过行政命令以及规章制度的要求，就可以迫使大家接受信息化带来的改变。可是，中国有句老话："上有政策，下有对策。"在聪明的中国人面前，要让他们接受自己所不认可的东西，是非常困难的。要么是做做表面功夫应付下，要么就是暂时被动接受。无论是哪种情况，企业都无法将信息化带来的优势充分利用起来，甚至根本达不到上软件系统的初衷。

现场讯息交换从"点对面"到"点对点"

> "互联网+"时代，团队的管理并不是召开几次会议或者开几次电话会议就可以解决问题，领导者必须多和员工进行点对点的沟通，这样就可以知道员工遇到了什么问题，有哪些地方不明白……直到找到切实可行的方法，才能有利于团队效率的提高。

先来看一则案例。

李菲是一个典型的北方姑娘，在她身上有着北方人的热情和直率。她为人坦诚，有什么说什么，总是愿意把自己的想法说出来和大家一起讨论。正是因为这个特点，她在上学期间很受老师和同学的欢迎。

2015年，李菲从某大学的人力资源管理专业毕业。她认为经过四年的学习，自己不但掌握了扎实的人力资源管理专业知识，还具备较强的人际沟通技能，因此她对自己的未来期望很高。为了实现自己的梦想，她只身来到了北京。

经过将近一个月的反复投简历和面试，在权衡多种因素的情况下，李菲最终选定了一家金融企业。她之所以选择这份工作是因为目前该公司规模适中，发展速度较快，该公司的人力资源管理工作还处于尝试阶段，此时加入，她将是公司专门负责人力资源的第一个人，自己施展能力的空间比较大。

可是，实习一个星期后，李菲就陷入了困境。原来，该公司是一个典型的中小型企业，充满了各种裙带关系，缺乏必要的管理理念。老板的眼里只有业绩，公司只要能赚钱，其他一切都无所谓。李菲认为，越是这样就越有自己发挥能力的空间，因此在到公司的第五天李菲就拿着自己的建议书走向了直接上级的办公室。

"李经理，我到公司已经快一个星期了，有些想法想和您谈谈，您有时间吗？"李菲走到经理办公桌前说。

"来来来，李菲，本来早就应该和你谈谈了，只不过最近都在见客户，就把这件事忘了。""李经理，对于处于上升阶段的企业来说，要想继续发展就必须在管理上狠下功夫。我来公司已经快一个星期了，据我对公司的了解，我认为职责界定不清，员工自主权力太小，员工薪酬结构和水平的制定随意性较强，缺乏科学合理的基础，薪酬的公平性和激励性都较低。"李菲按照自己事先所列的提纲开始逐条向李经理叙述。

李经理微微皱了一下眉头，说："你说的这些问题我们公司也确实存在，但是你必须承认一个事实——我们公司一直都在盈利，这就说明，公司目前实行的体制有它的合理性。"

"可是，眼前的发展并不等于将来也可以发展，许多中小企业都败在管理上。"

"好！那你有具体方案吗？"

"目前还没有，这些还只是我的一点想法而已。但是，如果您支持，我想方案只是时间问题。"

"那你先回去做方案吧！把材料放这儿，我先看看然后给你答复。"说完，李经理的注意力又回到了业绩报告上。李菲真切地感受到了不被认可的失落。

李菲的建议书石沉大海，李经理好像完全不记得建议书的事。李菲陷入了困惑之中，她不知道自己是应该继续和上级沟通还是干脆放弃这份工作，另找一个发展空间。

其实，李菲和经理沟通的机会是一次良好的一对一沟通机会。可是，李经理却错失了这样一次不错的机会。

一对一沟通，又被称作一对一会议、One-on-one 等，是互联网公司里常用的沟通方式。在我看来，一对一沟通的意义是可以使得信息从下而上地传递，从而获得在其他渠道不易获得的信息，而且保证透明。一对一沟通构造了一个渠道，这个渠道是自下而上的，使得以上这些内容都能够被倾听，从而被解决。

英特尔中国区总裁陈伟锭经常会应员工要求进行一对一的交流，而且交流的主题由员工确定。对此，陈伟锭很少拒绝，他估计自己有40%的时间都用在了这类沟通上。事实上，一对一沟通是英特尔文化的一部分，也是激励员工的一种方式。

因为这是一个"自下而上"的渠道，所以员工的主动性就非常重要。在一对一沟通中，领导者要多听少说，让员工成为沟通的中心，要引导员工表达他的核心观点。如果可能，也可以试试让员工来安排一对一沟通。

麦当劳快餐店创始人雷·克洛克是美国社会最有影响的十大企业家之一。他不喜欢整天坐在办公室里，大部分工作时间都用在走动管理上，即到所有各公司、部门走走、看看、听听、问问。

有一段时间，麦当劳公司曾遭遇过严重亏损的危机。克洛克研究后发现，其中一个重要原因是公司各职能部门的经理有严重的官僚主义，习惯躺在舒适的椅背上指手画脚，他们把许多宝贵时间耗费在抽烟和闲聊上。于是，克洛克想出一个奇招——将所有经理的椅子靠背锯掉，立即执行。

开始的时候，很多人都骂克洛克是个疯子，但后来不久大家就体会到了他的一番苦心。经理们纷纷走出办公室，深入基层，和一线员工进行面对面的沟通，及时了解情况，现场解决问题，终于使麦当劳扭亏转盈。

贪图舒适的工作环境肯定不会有好的工作效率，领导者与其躺在那里耗费时光，不如多出去走动走动，和员工进行一对一的沟通，了解更多的知识与信息。

通过点对点的交流，领导者不仅可以发现员工中存在的问题并及时解决，还能够全面掌握每个员工的思想动态并及时帮助排解不良情绪，增进和员工的相互信任，增加团队的凝聚力。

本质上来说，一对一沟通就是构建一个私密的、轻松的、真诚的、有效的环境，两个人在一起讨论问题和相互学习。理论上，不管是公司内的管理还是公司之间的合作，还是朋友之间的相处，还是家庭成员之间的交流，一对一沟通都能够发挥出它的效果。

1. 点对点沟通好处多

领导者想把跟员工面谈这件事从自己的日程安排上剔除的时候，一定要先看看下面四条理由，把跟员工一对一的沟通放在首位，而不是"等我高兴的时候"再去做。

（1）为沟通提供时间

很多企业领导之所以不喜欢跟员工一对一沟通，最大的一个原因是他们没有时间，因为一次这样的沟通可能要花去他们30～45分钟。可是，即使不能花费如此多的时间和员工沟通，也要事先安排好这样的面谈。因为一旦出现问题，可能需要花更多的时间来解决。

事先安排好一对一沟通时间表，严格遵守这个计划，还能够带来一个额外的好处——员工不会再因为一件小事情整天、整周烦扰你，他们会在一对一交流的时候把问题提出来。

当然，和员工一对一沟通的时候也不要把时间安排得很紧。可以把面谈的时间分散开来，最好选在一天较早或者较晚的时间，减少被打扰的机会。

（2）严格遵守时间安排

如果团队成员都认为，你唯一不愿意干的事就是挤出时间来跟他们谈谈。这时候，可能团队成员就会这样忠诚地认为"这周他们一切就会好起来，他们会控制好一切的。"可是，一旦传递出这样的信息，团队成员就会觉得，在你的眼里他们是最不重要的一群人。时间长了，你和员工原本就非常脆弱的关系将会变得更加不堪一击。

领导者要严格遵守时间表的安排，给团队成员传递出这样一种信息——在你眼里，他们是最重要的。至少要把会面安排在一个他们觉得合适的时间，而不仅仅只想到你自己的安排。

（3）认真听员工的讲述

在你真正开始和一个人交流的时候，一定要重视，要仔细听他们详细解说的事，抓住他们在交谈中通过语音语调透露出来的线索。这时候，那些在会议时没有表现出来的问题可能继续被提出来，你就可以更加深入、更加尖锐地咨询这个问题，积极和对方讨论。

（4）深入地了解员工

你知道员工有什么优点吗？他们的个人生活怎么样？他们会不会因在工作中感到十分沮丧，已经开始四下物色工作，或者已经开始和猎头接触了呢？他们的长期目标是什么？……研究表明，如果员工能够和领导维持良好的关系，他们的忠诚度是非常高的。如果他们和领导在工作之余没什么联系，很可能会成为招聘人员的目标。

2. 掌握一对一沟通的方法

如何建立良好的一对一的沟通方式呢？可以采用以下几个方法：

（1）营造一个舒适的沟通环境

通常，人们都不会对一个陌生人敞开心扉。如果上司和员工平常极少聊天和沟通，他们就不太容易讨论尖锐的问题。所以，领导者要尽可能地和员工建立友谊；平时要多聊聊天，在休息的时候聊一些工作无关的话题；还可以组织一些团队建设活动，让大家成为朋友。

另外，如果沟通的时候是坐在办公室里，员工就会感到紧张，因为办公室始终是一个讨论工作的环境，让人无法放松。可能的话，可以尝试找一个休息区，或者坐在沙发上沟通，或者直接走出公司，找一个咖啡厅点杯饮料，在咖啡厅里面聊天。

如果能请员工吃饭，饭后聊聊天、散散步走一走，那么就更棒了。舒适的沟通环境有助于双方在放松的心情下交流，有助于大家更加平等地对话。

（2）用真诚之心对待对方

要想提高沟通的效果，保持真诚是必要的前提，否则员工不可能将心中的问题提出来。首先，不要敷衍任何员工提出的问题，不管这个问题多么尖锐。如果你也不知道如何解决这个问题，可以和员工一起讨论讨论，看看员工能不能一起寻找可行的办法。一定不要讲空话和套话，一旦员工发现这是一个无效的沟通渠道之后，"自下而上"的通道就被关闭了。

（3）将事情坦白告诉对方

一对一的沟通也需要坦白和诚实，坦白使得沟通双方能够尽可能地保证透明。足够的透明才能让员工理解上司的想法，从而达到双方考虑问题的方式一致，进一步言行一致后，大家就会产生近似的处事方式，上司就可以将事情充分授权给员工了。

但是，坦白也不是说不留秘密，如果一个问题你觉得不方便讨论，就坦白地说不方便讨论；如果可能，就要尽量给出理由。

（4）对员工进行适当的引导

并不是每个员工都懂得一对一沟通的重要性，也不是每一个员工都能主动倾诉问题，寻求帮助。很多员工的性格都是比较内向的，有一些甚至不善于表达自己。所以，虽然员工是一对一沟通的"主角"，但是领导者也要进行适当的引导。一旦发现了员工工作中的困难就要适当地主动提出来，以便更好地讨论，这也会让员工感到很体贴。

如果没有什么谈的，可以用一些问题引导出来，例如：当前产品还有哪些可以提高的地方？ 我们部门的最大问题是什么，为什么？ 如果有，你觉得工作中有哪一点令你感觉不舒服？ 你觉得谁的工作最优秀，为什么？ 假如你是我，你会做何调整？ 我们的产品哪方面不尽如人意？ 我们错失的最大机遇是什么？ 哪些是我们应该做而没有做的？ 你自己希望未来在哪些方面能有提高？ 有什么我能为你做的事情？ 等等。

追踪变化，让看不见的信息呈现出来

> 工作中，大多数员工都不会将情绪写在自己的脸上。领导者如果想对员工多一些了解，就要认真观察，看看他们最近在语言和行为上有哪些不对劲儿的地方。发现问题后要及时和他们沟通，争取将问题消灭在萌芽状态。

管理工作说到底就是做人的工作，常言说得好："画虎画皮难画骨，知人知面难知心。"自古以来，人们就感叹识人之难。在科学技术高度发展的今天，尽管神秘的X射线能透过人的心肺，号称"死光"的激光可以洞穿人的大脑，但要掌握一个人的心灵依然是异常困难的。

茫茫人海、芸芸众生，每个人由于文化程度、家庭背景、兴趣爱好、价值观念的不同，形成了各种性情。那么，作为领导者，面对各种性情、性格的员工，面对着当今人力资源紧张、员工难招、难留等诸多问题，怎样才能了解员工、掌握每个员工的真实思想动态呢？

常言道，言为心声！了解员工，掌握每个员工的真实思想动态，并没有任何捷径可走。其基本方法无非有以下几种：一是靠领导者的"五官"去掌握，即靠眼睛勤观察、耳朵勤听、嘴巴勤问、心里勤揣摩；二是靠有效地"沟通"。

1. 了解引起变化的原因

如果想对员工的细微变化多加了解，首先就要分析引起员工言行发生变化的因素，这样才能有的放矢，实施有效的管理措施。事实证明，能够引起员工言行变化的因素是很多的，这里将其总结为五大因素，即个人因素、家庭因素、组织因素、社会因素和自然因素。

（1）个人因素

复杂多变的环境和日益激烈的竞争，要求每个人都必须学会应对频繁遭遇的挫折和成倍增加的压力，但大多数员工在这方面较差，有必要再度学习和训练。

比如有些员工遭遇不幸时，不能以超然洒脱的态度去应对，结果使自己陷入被动状态而不能自拔；有些员工不懂得如何控制情绪，往往容易将自己的一腔怒火伤及他人，造成人际关系的紧张；还有些员工遭遇挫折时不能自我调整，不能做到适时、适所的感情抒发，长期下来导致心理和生理的健康状况日益低下，甚至严重到影响自己的工作状态。

（2）家庭因素

尽管存在工作和家庭之间空间上的独立性，但人们在一个领域的感情和行为仍会带到另一个领域。比如家里发生了不愉快事情的员工，可能在工作时依然带着坏心情，还可能迁怒于同事。

家庭生命周期、子女的个数与年龄、老人的个数与年龄等决定了家庭的结构，同时也决定了员工要承担家庭责任的多少。家人对其工作的支持程度则更大地影响了员工工作的热情和工作绩效。另外，家庭经济条件、家庭氛围等一系列家庭因素都会对员工的言行产生积极或消极的影响。

（3）组织因素

组组因素包括"硬"性因素和"软"性因素。所谓的"硬"性因素主要是指工作环境，包括工作场所的卫生状况、整体布局、色彩搭配以及是否嘈杂等。如果员工处在肮脏、混杂的环境中，心境和情绪就容易失控。

"软"性因素主要指企业内部管理，包括人际关系的和谐性、利益关系的合理性、员工的稳定性等。如果企业用人不当、分配不公、是非颠倒、风气不正，员工就会感到心灰意冷。

（4）社会因素

社会因素是指某种社会氛围或者是一些与个人相关的社会事件。比如世界杯期间，很多球迷朋友将极大的热情投入到球赛当中，个人的情绪完全随着比赛的输赢而起伏；"9·11"事件后，人们一片恐慌……社会因素对员工情绪的影响具有一定的不确定性和选择性，领导者要具有良好的应对突发事件的能力。

（5）自然因素

自然因素也会对一个人的言行造成影响，比如晴朗的天气里，人们会比较振奋；阴雨的日子里，大多数人会表现得比较平静；闷热的暑天则容易使人烦躁；丰富多彩的自然景观也总会引起敏感之人的情绪波动；有人因观日出而欣喜，因见伟峰而兴奋；习惯了喧嚣与忙碌的都市人投身于乡村田野之间，会异常神清气爽。总之，自然之景之物也会引起员工的某些言行变化。

2. 掌握消除不良变化的方法

虽然影响员工情绪的因素众多，但领导者依然可以对员工的情绪进行合理的引导，使其朝着有利于员工和组织的方向发展。

（1）帮助员工提高自我情绪管理能力

管理时可以对员工的职业类型进行分类，并了解员工的压力来源，有针对性地对员工进行情绪管理的知识教育，把情商的拓展训练作为员工素质教育的重要内容。

①帮助员工认识自己的情绪

员工个人往往对于自己的情绪没有明确的认知，领导者可以利用宣传栏、内部刊物、自助卡、健康知识讲座等多种形式使员工关注心理健康、正视情绪问题。同时，要定期由专业人员采用专业的情绪评估方法评估员工情绪质量，并找出情绪问题产生的原因，对症下药，及时将问题解决于萌芽状态。

②对员工进行情绪管理培训

将心理学的理论、理念、方法和技术应用到企业日常管理和企业拓展训练活动中，通过设置系列课程如压力管理、挫折应对、心态调整、社会支持、人际沟通技巧等，对员工进行心理卫生的自律训练、性格分析和心理检查，使其了解职业心理健康知识，掌握调整情绪的基本方法，增强心理承受能力。

（2）关心员工的生活

员工是生活在家庭中的，如果领导者能够主动帮助其解决所面对的家庭问题，有助于培养正面的情绪。比如，可以帮助员工解决孩子的就读学校问题；如果工作性质允许，可以为其提供弹性工作制，方便员工照顾家人；对于在异地工作的员工，可以为其提供"回家探亲机票"或者"亲属探望机票"；可以邀请优秀员工的家人出席企业的表彰大会，使家人感到无上的荣耀，从而更加支持员工的工作。

（3）创造一种沟通无限的工作氛围

要在公司里营造一种自由开放、分享信息、人人平等的氛围，除正式、制度化的交流途径之外，还要鼓励各种自发、非正式的交流沟通渠道。娓娓道来的谈心、头脑风暴式的讨论都可以减少员工之间、部门之间的误解和隔阂，形成一种积极而和谐的人际关系，增强企业的凝聚力和创新力，例如微软的"开门政策"就为沟通无限做了最好的诠释。

微软实行的"开门政策"，就是任何人可以找任何人谈任何话题，当然任何人也可以发电子邮件给任何人。

一次，一个新员工开车上班时撞了比尔·盖茨停着的新车，吓得问经理该怎么办，经理说："你发一封电子邮件道歉就行了。"员工立刻发出一封电子邮件，一小时内比尔就给他回了信，不仅告诉她别担心，只要没伤到人就好，还对她加入公司表示了欢迎。

（4）为员工提供情绪疏导的渠道

每个人都会产生负面情绪，一旦状态消极，效率自然会低下。领导者要为员工提供合适的渠道，帮助他们化解负面情绪，如设立压力发泄室、心理辅导办公室、咖啡厅等。在这方面，柯达为我们做出了表率。

为了缓解员工的不良情绪，柯达在纽约为两万名员工建造了四个"幽默房"。其中，一座是图书馆，内有各种笑话书、卡通书以及幽默内容的光盘、录像带和录音带；一个是能容纳20人的会议厅，厅内布置了幽默大师卓别林和笑星克罗麦克斯的许多剧照；一个是玩具房，里面有各种各样宣泄压力的器具，比如以某某人的形象设计的吊袋，员工可以在里面摔东西而不必赔偿；一个是高科技房，配备各种计算机软件和供私人使用的计算机。这些设施帮助柯达员工有效地放松了神经，缓解了压力，重新投入到工作中去。

（5）领导者要成为员工情绪管理的导师

从某种意义上说，领导者就是其下属的导师，可以帮助员工在企业中更好地工作。可以说，每一位员工在企业中能否更好地发展都依赖于有一个好的导师，这个导师很多时候就是员工的直接上级。

美国的一项调查研究结果表明：无论是男性还是女性，在企业中有导师帮助的员工更容易成功。因此，在整个企业良好情绪氛围形成的过程中，领导者的作用非常重要，领导者要善于管理自己的情绪，一定不能乱发脾气，要保持心态平衡、重视解决问题的策略。

另外，领导者在心态上不可偏执，应时时刻刻保持"平衡思考"。当然，这里的平衡并不是平均主义，而是从企业大局出发，考虑适合整体发展的方案，只有这样才能保证企业整体的情绪最佳。

扩大眼光着力面，扩大信息吸收面

> 领导者如果想发挥出最佳的领导效果，就要多观察，多收集来自各方面的信息。你对员工了解得越多，越能发现问题所在，越有利于后面的沟通，越有利于下一步的工作。

如果想对下属有更多的了解，对团队有更多的了解，领导者就要努力扩大眼光着力面，扩大信息的接受面，主要方法有：

1. 了解员工的心里所想

通常来说，下属对上司都会生出一层顾虑，有了这样的顾虑，当你问他们有什么需要的时候，他们往往都不敢说真话。可是，对于领导者来说，如果不能了解下属的真正需要，即使自己为此做出很多努力，也是达不到最好效果的。因此，领导者一定要善于发现下属心中的真正想法。

（1）语言要委婉

和下属沟通的时候，领导者不要直截了当地去提问，特别是一些敏感的问题，要说得委婉一些、巧妙一些。当然，这里也是有一定的技巧的，既可以把他请到你的办公室进行正式谈话，也可以采取闲聊的方式询问，还可以在进行日常工作检查时顺便和某个人交谈。事实证明，领导者和下属的非正式会晤对于领导者掌握一些比较有价值的情况是非常有用的。

在办公室和员工进行正式谈话，容易引起下属的警惕和戒备心，说话不可能很坦率，下属很可能给出一些领导者想听到的答案，这样就会和最初的目的背道而驰，只会起到相反的效果；相反，如果在工作之余不期而遇地闲聊一会儿，则更容易让对方平静自然，这时下属的谈话就会坦率真实得多。

（2）尽量做一个合格的倾听者

有一种说法，"上帝"之所以要给我们两只耳朵一张嘴，就是想让我们少说多听，因为聆听是世界上最动听的语言。善于倾听员工的诉求是领导者给予员工的最大赞美，许多领导者经常抱怨与下属沟通不畅，但却不知道也许是因为自己不善倾听导致的。

小唐是一家电信公司的工程师，业务能力很强，上岗两年后，公司便将其提拔为项目负责人。可是，搞技术与做管理完全是两码事，虽然他在技术上很擅长，可是既没有财权也没有人脉；既要顶住来自上面的业绩压力，又要管理自视颇高的知识型员工时，小唐有点不知所措。

后来，小唐决定，将自己的苦恼和上下级都诉一诉，争取得到他们的支持。于是他便向老板说员工之所以不服管理，主要是因为自己没有掌握财权。可是抱怨过后，老板不仅没有给小唐更多的支持，反而采取了对其工作能力观望的态度。

最后小唐终于意识到：抱怨无异于证明自己无能，索性忍而不发。由于妻子怀孕，回到家里小唐也不敢向妻子诉苦，结果一年后得了抑郁症。

小唐最后为何会得抑郁症？一个重要的原因就是，在整个管理过程中，小唐的老板没有将权力下放。在听到小唐的抱怨后，如果这位老板能够及时地与小唐进行沟通，积极为其做心理疏导和支持，小唐的情绪定然会得到缓解。而且，小唐本来只擅长做具体的工作，强硬地将其放在管理者的岗位上，也是出现不良后果的一个重要原因。

通常来说，追求完美的员工、智商高但情商低的员工、过于自负和自卑的员工都是非常容易产生抱怨的人群。作为领导者，一定要特别及时地与之及时沟通。只有在团队中形成及时沟通的文化，才会大大减少抱怨的负面影响。

领导者要直接告诉员工：不管遇到任何问题都要及时沟通，我会静心倾听，为你解困。当然，在倾听中领导者要不断认同对方的情绪："嗯，我理解。""我也有过这种体会。"因为认真倾听本身就是化解抱怨负面影响的最好方式。

（3）使员工感觉自己重要

任何一个人都希望自己在他人眼里是重要的，想让下属对你信服，就要让他们感觉到自己的重要性。

第二次世界大战后，受经济危机的影响，日本的失业人数剧增，工厂效益很不景气。一家食品公司濒临倒闭，领导决定裁员1/3。在所裁减的人员中包括三种人：清洁工、司机和无任何技术的仓库管理人员，三种人加起来一共有30多人。

经理将这些人集中在办公室，说明了裁员的意图。短暂的停顿后，经理听到了这样的声音。清洁工说："我们很重要，如果没人打扫卫生，没有清洁优美、健康有序的工作环境，你们怎么能全身心投入工作呢？"司机说："我们很重要，这么多产品，如果没有司机怎么迅速销往市场？"仓管员说："我们很重要，战争刚过去，许多人都挣扎在饥饿线上，如果没有我们，这些食品岂不要被街头流浪的乞丐偷光？"

经理想了想，觉得他们的话都有一定的道理，思考之后决定不裁员，并且重新制定了管理策略。经理受到这些员工的启发，还在厂门口悬挂了一块大匾，上面写着："我很重要！"

从那一天开始，当员工来上班的时候第一眼看到的便是"我很重要"这四个字。不管是基层员工还是管理层，都认为高层领导很重视他们，因此工作都非常努力。这句话充分调动了全体员工的积极性，一年后食品公司迅速崛起，后来成为日本有名的公司。

这个案例再一次告诉我们，领导者和员工沟通的时候，让员工觉得"我很重要"是非常重要的！

2. 有效、便捷地了解员工的工作情况

员工，尤其是基层员工是企业中最大的群体，他们承担了公司中最多的工作量，失去对他们的关注必然会直接影响公司的长远发展。因此，如果想对员工多一些认识和了解，就要有效便捷地了解员工的工作情况。那么，领导者如何才能方便地了解员工的工作呢？

（1）即时沟通

在线即时了解员工的工作情况，打破企业层级，领导者可以非常方

便地跟任何一个员工进行实时沟通。当领导者需要与员工了解工作情况时，随时随地发起会话即可。

（2）评阅员工日志

领导者随时随地查阅员工的工作日志，并且给予点评，这种方法不仅可以了解员工的工作内容，还可以发现员工的工作状态、当前有无问题等，并做出针对性的指正。同时，还可以对员工的工作起到一定的督促和激励作用，有效提高员工的工作积极性。

（3）查看员工计划

如果想了解员工的工作情况，可以查看一下员工的工作计划，以此来及时了解员工工作的方向，既防止工作跑偏，又能监督工作的落实情况。

（4）关注项目完成情况

领导者要对布置给员工的任务、项目执行过程和成果体现等多一些了解，这样就可以及时发现偏离目标的执行并给予纠正，还可以对员工的参与度和贡献度做出基于事实的客观评价。

当然，不管是通过上面哪种方法了解员工的工作情况，领导者都可以做到对组织目标的时时关注，并且可以留下工作轨迹，不会让企业资源流失，企业领导者可以根据自身的需要，自由组合使用。

第八章
Chapter 8

战略决策能力和
市场分析预测能力

互联网时代的领导力，重点体现在管理者科学的战略决策能力和具有远见的市场预测能力，过去"拍脑门"定乾坤的时代一去不复返了。科学地制定战略和准确地判断市场并预测未来发展趋势，需要管理者具备一定的信息收集和分析能力，通过商业情报的应用能力全面掌握市场的状况，随机做好外部环境影响的应变能力，掌握市场的主动权。

企业战略决策与战术竞争

> 企业战略是一个战略体系。这个战略体系包括竞争战略、发展战略、技术开发战略、市场营销战略、信息化战略、人才战略等。战略是企业的谋略，是对企业整体性、长期性、基本性战略问题的计谋，而谋略与计谋来自于对企业内部和外部环境的信息收集和分析。

1. 战略的确定

企业战略如何确定，要根据企业所处环境与企业本身的具体情况而定，没有一成不变的格式。目前中国企业正处在一个"不确定时代"，有些学者把这样一种时代、这样一种状态称之为"灰度时代"。"灰度时代"要求企业管理者重树使命，承担责任和提升适应时代的专业知识和管理能力。

现在的管理者如何适应不确定时代的竞争要求，制定好确实可行的企业战略呢？就是要了解和掌握时代特性。现在企业家们都有相同的焦虑和郁闷，失去了方向感，不知道下一步将往哪里走，更看不清竞争对手在哪里，也不知道下一步往哪里走是活路，曾经和自己一起奋斗和成长的老员工也没有了持续奋斗的热情……

中国市场目前正处于一个"质变时代"，前几年的高速发展目前已经进入中速运行期，而且正在转弯，也可称之为转型，我每天都在讲转型，也在讲"互联网+"，可是企业究竟如何转型、如何转弯给企业出了一道难题，因为确定具体战略必须找到企业的方向和出路。当今企业在高速发展时，许多原来被快速发展的速度所掩盖的问题逐步暴露出来，特别是在当今全球一体化的格局中，我们面对的不单是国内企业的竞争，还要面对跨国企业，同时也要应对互联网的冲击，我们的市场变了，消费者变了，竞争对手变了，过去引领我们走向成功并引以为自豪的模式操作不灵了，在这看不清、摸不着的"灰蒙蒙"的市场环境，这就是所谓的"灰度时代"。

在这样的大背景下，我们不知道如何确定战略，也不知道如何选择战术。在这个灰蒙蒙的"灰度时代"，你看不清，别人也看不清，那就看谁先看得清、谁先选择好，这就是机会，这就是希望。这也恰恰是企业新的生命力所在，大家都看清的时候机会并不多，也不见得机会就会来眷顾你。

企业由模糊不清走向清晰可见的过程，带来的就是全新的商业模式、全新的战略目标、全新的战术方法和发展机会。关键是要求企业管理者从迷茫中看清方向，重新理清思路，在各种复杂的因素交织中找到前行的目标方法，全面结合互联网时代的特征，这就是"互联网时代的新领导力"。这种领导力需要管理者具备：信息的收集、分析和应用能力；不断创新的能力；联合各方面资源建立大平台的团结协作能力。

互联网时代，要求管理者更具有全球视野和全局观念，具有大数据、大平台思想，从过去带几个手下向现在带好一个团队发展，从过去服务好一个客户到现在服务好一个群体努力。

企业的许多观念和战略思想都应进行相应的调整。在"互联网+"时代，领导者很难像过去那样按部就班地制定战略计划，客户的需求和满意度在随时随地地变化，科技的发展速度不断加快，一些有一定科技含量的产品生命周期缩短，更新换代速度加快，信息技术的广泛应用，消费者的信息量激增，接收信息渠道不断更新，造成利用一种模式的推广方法和对某一品牌商品的专注度明显下降，这些无疑给企业营销活动和确定战略带来不少麻烦。但是与此同时，我们应看到这种不确定性带来了更为广泛的竞争，使企业打破旧的格局、旧的模式，建立适应时代的新兴企业，在国际市场上迅速崛起。俗话说"长痛不如短痛"，新时代企业在保持局部优势的同时，应力争后来者居上，重新调整竞争中的行为观念，加强研究新的战略模式，制定出相应的战术手段，在新时代背景创造下一个辉煌！

2. 企业战术竞争

企业战术竞争主要体现在与竞争对手在价格、营销策略、营销手段、促销活动、分销活动、产品研发、人才等方面的竞争，包括市场风险与欺骗行为等。战术是在综合考虑诸多因素，并且掌握大量准确情报基础上做出的，战术情报主要依靠直接获取而来，而战略情报多在分析，战术应用得是否正确会直接体现到竞争结果中，所以领导者要对这些内容进行深入分析和研究。

关于利用情报手段提升利润，避免价格战，有以下方法：

（1）建立第一手信息渠道，敏感把握行业市场价格的变化原因，掌握影响价格的相关因素；

（2）了解竞争对手的销售与库存情况，分析竞争对手价格变化的深层原因；

（3）了解同城经销商的价格变化，经常沟通并与之建立差异竞争的关系；

（4）掌握市场容量和销量，科学安排商品配额；

（5）与生产商建立信息渠道，根据客户需求和科技发展改变商品的功能和操作简化；

（6）加强服务意识，建立便利服务的理念；

（7）实现平台化思维，建立共赢的销售模式；

（8）引入良性的竞争环境，实现多手段的服务理念。没有竞争就没有发展，竞争是必然的，单纯的价格战是愚蠢的；

（9）增强对产品的理解，利用集团资源，推动整体市场的发展壮大。

在茫茫的非洲大草原上有一条河，叫奥兰治河，河的两岸生存着一些羚羊。科学家发现，河两岸的羚羊表现出完全不同的两种生存状态：河东岸的羚羊数量少，但身体强壮，奔跑速度极快；而河西岸的羚羊数量非常多，但体态肥胖，奔跑速度也很慢。科学家觉得很奇怪，两岸生存条件基本相同，为什么会呈现出如此不同的反差呢？于是他们做了一个试验：把两岸的羚羊各抓了10只进行了对调。经过一段时间后发现，东岸的10只羚羊只剩下3只，但体格强壮，奔跑速度快，而河西的10只繁衍到20只，一个个变得肥胖不堪，跑起来很慢。经过进一步观察发现，原来东岸有两只狮子。东岸羚羊强壮的原因是因为要和狮子竞争。而西岸的羚羊数量多只是暂时的现状，如果再发展下去，随着河西羚羊数量的增加，他们可能会失去赖以生存的水草。

这也说明了市场环境的特点，有竞争才有发展，有竞争才有进步，我们不可能处在一个没有竞争的市场下，那是计划经济时代，但竞争的方法不是以单一价格战来表现的，在"互联网+"时代企业是可以实现共赢和联合的。具体要求包括：从创新寻求优势；从质量寻求优势；从价格寻求优势；从速度寻求优势；从服务寻求优势；从联合寻求优势。

3. 企业战略与谋略

企业要在复杂的市场环境中跻身于众多知名企业中并立于不败之地，离不开制定好的战略目标和商业运营模式，而企业谋略正是战略成功的突破点。企业战略也讲究智谋取胜，以柔克刚，通过高超的谋略来取得优势和主动权，实现单纯的物质能量难以达到的效果。孙膑曰："兵者，诡道也。"诡道就是谋略之术，所谓"攻其不备，出其不意。兵者，国之大事也，死生之地，存亡之道，不可不察也。"这就要求领导者在制定战略规划时要多手段、多渠道地搜集信息，以满足足够的综合分析资料；要不断跟踪情报，了解宏观与微观市场动态、行业政策、竞争对手动态，掌握市场的特点、规律和逻辑。孙膑在《孙子兵法·计篇》中也强调："故经之以五，校之以计，以索其情：一曰道，二曰天，三曰地，四曰将，五曰法。"其中，《七计》中说："主孰有道？将孰有能？天地孰得？法令孰行？兵众孰强？士卒孰练？赏罚孰明？"

这里首先强调的就是"道"，它是指民众和君主的意愿要一致，目标一致；对于企业而言，就是经营理念和经营思想，共同的宗旨和价值观，并使这种理念和信仰为企业领导者和每位员工所理解、认同，达成企业统一的意志。"天、地"讲的是企业环境，包括内部、外部环境，以及竞争环境；"将"是企业管理人员和员工，也是指人才的运用，以及如何管理和培训员工；"法"是指企业的规章制度、管理流程、运营模式、战略目标等。"七计"是比较竞争对手优劣，以求得市场情况的认识。哪一方的主要管理者开明？哪一方的管理人员管理得法？哪一方对机会把握得好？哪一方战略目标、运营模式明确且执行得好？哪一方的产品或服务模式优良？哪一方员工的综合素质高？哪一方的规章制度适应时代要求且员工热情高？根据这些条件，我们就可判断出谁占优势了。谋略的本质特征有四个：一个是整体性、一个是长期性、一个是基本性，一个是计谋性。竞争战略是对企业竞争中整体性、长期性、基本性问题的计谋，发展战略是对企业发展中整体性、长期性、基本性问题的计谋。

提升战略决策能力的必备条件

> 战略决策是企业战略管理中极为重要的环节，起着承前启后的枢纽作用。战略决策依据战略分析阶段所提供的决策信息情报，包括宏观情况、政府政策、行业动态、竞争格局、竞争对手情况、企业优势劣势等方面。

战略决策需要领导者综合各项信息确定企业战略及相关方案。战略实施是更详细地分解展开各项战略部署，实现战略决策意图和目标。

战略决策有三个要素，是指在战略制定过程中所涉及的三个影响战略决策的因素，即战略背景、战略内容、战略过程。战略背景是指战略执行和发展的环境；战略内容是指战略决策包括的主要活动；战略过程是指在执行战略时所面对的市场变化环境时，各项活动之间的联系方式。战略背景、战略内容和战略过程三个要素共同决定战略决策。

我们前一小节中提到"五事七计"，无论是军事组织还是商业组织，"五事七计"同样是企业中高层的战略思路，"五事"强调战略定位与信息分析、决策，强调的是企业战略使命和目标，整体环境分析和竞争资源配置。"七计"更强调企业经营与竞争分析，争取市场主动权，分析自己与竞争对手的强弱及如何避强击弱，取得竞争优势地位，如何利用各种资源，强调过程管理，加强人才优势的发挥，以实现企业战略目标的达成。当然还要强调企业创新思想，积极跟随时代要求，把握企业脉搏，做到"知己知彼"，才能在竞争中立于不败之地。

表2　战略决策的前提条件和实施风险

战略名称	战略实施的前提条件	战略实施的难度或风险
标杆战略	理念的真正接受；弄清楚值得学习的地方；人员培训或重新配置；掌握必要的组织变革管理方法。	难以保证变革能够有效地运作；强制实施遭到抵制。
集中战略	在产品获利能力和销售量之间取舍，在产品差异化与成本状况之间权衡，取决于市场特点和竞争者地位。	战略被人模仿，结构被破坏，需求消失，目标市场结构变得毫无吸引力；光设目标的对手占领了部分市场，市场区别缩小，多品种生产优势增加；采用集中战略的企业进一步使产业市场细分化。
成本领先战略	赢得总成本最低的有力竞争地位；完全竞争的市场；标准化的产品及同样的产品使用方式；较高的价格弹性。	对手模仿、技术变革、成本领先地位的其他基础遭削弱、差异化地位丧失而使成本领先的地位无法保持；竞争对手在部分市场取得更低的成本。
产品差异化战略	了解客户的需求和价值取向，提供售后服务、交易方式信用政策等信息，使客户愿意支持以成本增加为代价的差异化战略。	对手模仿、差异化形象对客户的重要性下降、成本中的相应地位丧失，致使差异化形象无法保持。
创新战略	市场细分，市场补缺；政企分开，权责明确，产权明晰，激励机制。	高技术创新成本大、风险高、周期长；某些新技术市场持续时间短。

预测的基本要求是什么

> 预测不仅指事物的未来状态，也包括事物现在的未知状态。预测是管理者做市场分析的高级行为，也是管理者思维品质的最高境界，是对市场变化、企业未来、产品价格等进行预测，最后制定战略决策和确定未来发展目标。

预测是企业管理者决策能力的集中体现，也是团队集体智慧的表现结果。预测能为制定切实可行的计划提供科学依据，预测也是避免决策片面性和决策失误的重要手段，它既是计划的前提条件，也是计划工作的重要组成部分，预测可以提高管理预见性，是面向未来提前发现问题并做应对准备和防范措施的手段，在一定程度上决定着组织成败。预测必须具备以下几个方面的要求：

1. 预测必须有可靠情报给予有效支持

预测是在掌握大量事实资料并经过分析研究后进行的一项逻辑推断，将未来的可能事件缩小到一定的空间范围。预测是建立在事物发展的延续性、因果性基础之上的。预测的方法是建立在意识超前性的基础之上，跳跃性地预知未来，同时能够使其转化为决策手段，并通过控制、干预等方式主动地争取目标的实现，预测是领导者必须完成的一项工作。

互联网时代也是信息爆炸时代，大量数据对市场预测工作给予了有效支持，决策者要积极主动地收集信息并对信息进行分析研究，利用分析研究后的结果进行战略决策和战术竞争，形成新的领导力。

2. 预测应该遵循一定的程序和步骤

预测应该遵循一定的程序和步骤，以使工作有序化、统筹规划和协作。市场预测的过程大致应包含以下几个步骤：

一是确定预测目标明确真正目的。这是预测工作的第一步，明确预测目标就是根据经营活动存在的问题，拟定预测的项目，制定预测相应的工作计划，编制预算，协商配备力量，组织实施，以保证预测工作的有序进行。预测的目的不同，预测内容和项目、所需要的资料和所运用的方法都会有所不同。

二是搜集资料，预测必须有大量数据做保障，只有在充分占有资料的基础上才能为市场预测提供信息分析、情报判断。在市场预测计划的指导下，调查和搜集预测有关资料是进行市场预测的重要一环，也是预测的基础性工作。

三是选择预测方法，要根据预测的目标以及各种预测方法的适用条件，选择出合适的预测方法。有时可以运用多种预测方法来预测同一目标。预测方法的选用是否恰当将直接影响到预测的精确性和可靠性。方法应用要对症下药，不同的方法运用于不同情况下的预测目标，运用预测方法的核心是建立描述、概括研究对象特征和变化规律的模型。领导者根据模型进行计算或者处理，即可得到预测结果。

四是预测分析和修正分析判断，这就要求领导者调查搜集的资料进行综合分析，并通过判断、推理，使从感性认识上升到理性认识，从事物的现象看到事物的本质过程，从而预计市场未来的发展变化趋势和可能性。

五是编写预测报告，预测报告要简明扼要，抓住要点，报告内容应该概括预测研究的主要活动过程，包括预测的目标、预测的对象及预测的有关因素的分析结论。

3. 预测要综合多方因素，从定量到定性进行分析

预测时一定要找到影响预测事物结果的相关因素并对其进行整合，要素一定要完整，并对事物能产生一定影响或相关性，不然会影响预测结果。

预测时要对相关要素进行量化处理，这样才能确定比重，预测结果才能相对准确，如图6所示。

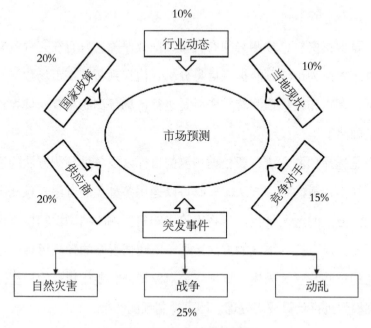

图6 市场预测的相关要素

市场预测的几种指标体系

> 市场预测是一个综合概念，是指管理者对市场未来预测中确定的相关要素和对应条件。市场发展是非常复杂的，要想从中找到其规律，预测其未来可能的走向，必须结合过去的和历史已经发生的因果关系找到相关的对应条件，从而判断可能的结果。

1. 设计指标体系时所遵循的原则

（1）完整性原则。虽然市场和企业都有许多不确定性，建立广义通用的科学指标体系难度很大，但是我们应尽量根据企业在市场活动中的特点进行全面考虑，综合评价事物本质，同时也要避免以偏概全。

（2）科学合理性原则。在设计的指标体系中，领导者对评价指标的定义要严谨，不能出现交叉和重复，在解释上力求精练、准确、全面、合理。

（3）客观性原则。领导者所设计的指标体系能够全面、完整和真实地反映出企业市场适应能力的客观情况。

（4）相关性原则。领导者所设计的指标和预测对象要有紧密的相关性，有因果关系，除直接可评价问题的指标外，有些间接反映核心问题的指标更具有实质意义。

（5）简便性原则。领导者所设计的指标应易被理解和掌握，所对应的资料要易于取得，核算指标公式要便于操作，可操作性强。

2. 市场预测指标体系的设计与确定

（1）针对企业管理效率判断与预测（人均利润率，人岗匹配）

外部条件指标要素包括：与政府、工商、行业协会、银行关系如何？是否有新企业、新产品侵蚀优势市场，抢夺主要客户？外部合作伙伴是否分裂、和竞争对手的关系趋势如何？媒体是否有负面报道、频次高低、影响力大小？竞争对手是否展开完全竞争活动？是否有竞争对手挖人？是否有潜在的收购者、入股者进入？竞争对手是否与同行（非直接竞争对手）合作？代理商和供应商是否同时间服务于其他竞争对手？是否随时可掌握市场和行业动态？是否可得到同行或合作伙伴的有效支持？

（2）对竞争对手主要管理人员（董事会成员、董事长、总经理）变更的预测

首先是对其任职优势进行了解，包括：当初如何任职？自然产生还是严格选举，如何经过选举得票比例？是否绝对控股？

其次是对其任职成绩进行了解，包括：企业利润在任职期间利润是否出现衰退？任职期间实际增长是否超过上界或竞争对手？

最后是对竞争对手的内部管理进行了解，包括：任职期间管理是否科学有序？任职期间是否出现过持续不稳定？任职期间内是否出现重大丑闻？员工满意度如何？ 股东满意度如何？

（3）企业主要管理者（董事会成员、董事长、总经理）变更预测

外部情况包括：任职期间内市场份额扩大否？任职期间内对外经营是否出现重大失利？任职期间对外发展是否取得重大突破？

候选人形象（个人形象）包括：是否有超凡的专业魅力和个人魅力？股东和群众中威信是否高？企业内部是否存在其他有重要影响的候选人？

3. 如何通过公开信息对行业市场发展方向进行判断和预测

（1）宏观经济环境，包括：国家经济总量、经济结构、国家货币政策、金融政策。

（2）行业市场环境，包括：本行业发展增量预测、客户对本产品拥有量、需求量。

（3）区域市场发展情况，包括：地区对行业发展的目标和相关政策，产品的竞争情况。

（4）用户购买习惯及需求特点，包括：用户类型、购买动机、更换周期及客户收入水平。

案例：广东巴德富公司苯乙烯价格走势分析

背景介绍：

2013年，苯乙烯价格不稳定，原料供应日趋紧张，市场价格屡创新高，如图7所示：

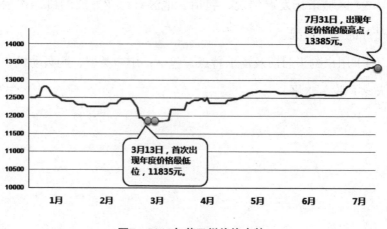

图7　2013年苯乙烯价格走势

苯乙烯价格在2013年3月出现价格的低位，之后缓缓回升，在4～6月份的价格趋于稳定，进入7月份，价格出现快速上升的走势。

根据这种情况，广东巴德富公司决定投资2亿元，大量囤积苯乙烯，囤积的直接成本在3000万元以上。

与此同时也出现了反对的声音，认为投资这么大去做一件不可预测的事情，如果下一步价格下降，损失会很大。集团领导面临两难境地，囤积的成本是可见的，如果不囤积，面临的问题也许更大，因为一旦苯乙烯原料价格上调或供不应求，会直接影响生产，造成经济损失。面对这个问题，巴德富公司找到我，我即时开始研究这个案例。

第一步：大数据分析

对于这样一个市场预测活动，我们首先要采集大量的数据，我们收集了近三年国内苯乙烯价格的走势，如图8所示。

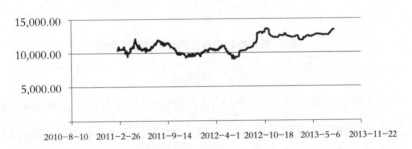

图8 连续三年的苯乙烯价格

从长期走势来看，2011年的苯乙烯价格在每吨10000～12000元波动，2011年底最低探底至每吨10000元，之后在2012年中探底至9000元，之后又出现了快速拉升的态势，2013年价格迅猛上升至每吨接近13000元。

第二步：找出相关点并分析其原因

首先要找到影响价格变动的原因，也就是情报的节点。我们又收集了半年来苯乙烯价格的具体走势，如图9所示。

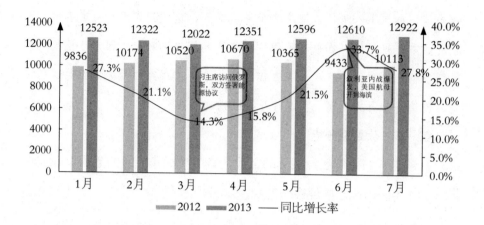

图9 找到影响价格变动后面的真正因素

苯乙烯价格持续走高，2013年7月份价格再创新高，达到每吨12922元，与上年相比增加了20%左右，其中2013年6至7月份较去年同期增长达到30%，价格一路走高。

对此我们寻找其原因，首先看3月份发生了什么，为什么价格会突然降低；6月份后又发生了什么，怎么突然升高。为此，我们查了当时所发生的事件，原来3月份习主席去俄罗斯访问，双方签署了能源战略合作协议。而6月份后的一路上升，当时正是美国扬言要对叙利亚进行打击，并且把"乔治·H.W.布什"号航空母舰紧急部署到海湾地区。

第三步：分析要点

找到了问题产生的原因，就要对这些要点进行分析。原来对苯乙烯价格造成影响的是一些国际上的重大外交活动、经济合作和军事行动，包括战争！

再下一步就抓住要点进行分析：一是近期中国还会和哪些其他相关国家有能源合作上的协议要签？美国航母进入海湾，会不会对叙利亚动武？

针对这些问题，我们查阅相关资料，大量收集近期中国的外交活动，分析还会不会有其他相关能源协议的签署，结论是中国的原油主要来源于中东，其他地区占比例不大，一旦海湾地区出现问题，中国石油供应将会出现重大问题，交点指向美国是否对叙动武，海湾地区会不会爆发又一场战争。

第四步：战争预测相关要素分析

主要领导人个人基本条件分析：这场战争会不会爆发主要取决于美国，美国取决于总统奥巴马，而奥巴马没有当过兵，家族也没有这样的历史，没有发动战争的基因。

政党情况分析：奥巴马所在的民主党的上台是以反对共和党发动海湾战争而取胜的，现在自己再发动一场对叙战争，党内大多数也通不过。

国内政治、经济情况分析：美国由自己主导，连续发动了两场海湾战争，与法国配合发动了对利比亚的战争，已经经历了三场战争，再对叙利亚动武美国国内也通不过，特别是连续几年美国经济不景气，目前略有好转，再打一场战争，国内经济情况也不允许。

国际形势分析：前几次海湾战争，国际社会反对的声音并不高，许多国家处于不公开表态，有的国家如英国、法国、日本全力支持，出兵、出钱。而这次对叙利亚的战争，大多数国家公开持反对态度，美国的盟友也不支持，更不配合，特别是中国和俄罗斯等国家坚决反对，俄罗斯为了力挺叙利亚，还把军舰开到了海湾。

地区形势分析：之前对利比亚卡扎菲动武，阿拉伯社会相对支持的多，反对的相对要少，而这次对叙利亚的战争反对的声音较多，支持的很少，地区的许多国家不支持。

叙利亚国内情况分析：叙利亚国内尽管出现许多反对派，但总统巴沙尔的支持者还占很大比例，与利比亚卡扎菲不同，反对的声音高于支持者。

反对派内部情况分析：利比亚反对派武装形成了统一战线，而叙利亚反对派武装各自为政，特别是反对派许多派别渗透了基地组织的人员，而且有的反对派本身也有极端组织成员，这就为美国出兵叙利亚造成极大难度，降低了出兵的可能。

第五步：下达结论，提出建议

综合上述情况分析，美国不会出兵叙利亚，新的海湾战争不会爆发，石油价格不会上涨，巴德富公司不需要大量囤积苯乙烯。

上述案例分析说明，预测是可以做到的，而且预测需要大量数据支持，预测必须有情报做依据，预测一定要有科学性，预测一定要有指标体系，预测必须符合客观实际，预测必须找到问题的相关性和因果关系，预测也是有很大经济效益的，是可能为企业带来成功的！预测是领导者的高级行为，是领导者智慧的集中体现。

·后 记·
转变思维最重要

关于互联网领导者的内容，我们就先和大家分享这些内容。其实，相关的内容无穷多，面对面聊几天都聊不完。

在部队当兵的时候，我就非常喜欢折腾这些东西，自己想的永远和别人不一样，看问题的角度也不同。在中国特种部队服役时，我就对当时部队的训练内容有自己的看法，认为当时实施的很多训练课题是并不符合特种作战要求的，因为特种部队未来所肩负的任务是非正规作战，是不能按常规需求安排内容的。

传统训练内容还是三拳三腿、射击投弹、简单的山地战术等。我将这些内容去掉了许多，创新了动力伞、山地机降、街区实弹射击等，并编写了教材在全军推广，效果卓著。互联网时代就是要创新，要颠覆传统思路和做法，但绝对不是简单模仿，而是要理解其中的内涵，改变我们思维。在这里，我们仅仅是告诉大家一种思路，至于究竟该怎么做，需要读者朋友们自己去思考。

我写这本书的目的是想让你们的思维发生改变，只有自己的思维方向改变了，才可以找到真正适合自己的方法。

在这本书中，我不会具体告诉你怎么做，而是告诉你怎么改变。比如眼前有只杯子，我将具体的抓取方法告诉你，你可以直接抓起杯子来喝水。可是，如果它是一个大杯就没法用抓的方法了，这样这本书也就废了。因此在这里，我仅仅是将抓杯的目的告诉你——为了喝，一只手拿不起来时用两只手，两只手拿不起来就用吸管！一定要记住：思路绝对不是方法。

在实践中，一本好书给读者更多的是思考和思路，不是方法。优秀的书籍通常会给读者提供一个好的思维方式，具体的方法需要读者自己去悟。

互联网时代的领导者就是要改变自己的思路，绝对不是用简单的学习方法。一个方法在这家企业有用，可是在另一家企业也许就没用。在企业经营的过程中，方法完全可以通过人的想法创造出来。

你有了好的思路，就可以进行自我创造。如今，大家都在学习互联网，你学他也学，甚至大家做着同样一件事情，相互间不得不防，这就产生竞争。竞争是一种利益争夺，"物竞天择，适者生存"是竞争的基本法则，排他性是竞争的基本属性，优胜劣汰是竞争的必然规律，所谓"商场如战场"，即使不是"你死我活"，也要"活得比你好"，"致人而不致于人，误人而不为人所误"。要想做得好，其实就是要有一个好的思路。

前几天跟一个朋友聊天的时候，他说他手上有个项目挺好，他想做，但是需要半年以上时间来完成前期准备工作。还有另外一个不错的项目也要做，但想往后放一放，等这个项目做好了再做。其实，互联网时代是信息快速传递时代，你要越界、要越轨、要多选择，多一个项目多一个机会，没有你等待的时间和机会，你放弃了，别人就会捡起来做。

这个时代市场的变化速度是前所未有的，所有的机会都应该及时把握。

管理没有对错，在密集竞争的行业中，成功的前提就是不按常规出牌。很多人都看过《亮剑》，还有人对《亮剑》的管理方法做过总结，我认为《亮剑》的核心就是"不按常规出牌"。其实，互联网思维就是不按常规思路做。所有的东西，只需要打破了传统思路，以用户为中心，随着用户的需求改变我们的服务方向和管理手段。这样看来，管理没有对错，既然没有对错，就要在积极应对方面做到随机性，这个随机应对就是亮剑思维。《亮剑》中体现的不正是该撤退时却来一个反冲锋，该正面冲锋的却来一个侧翼迂回战术吗？目的只有一个，那就是打敌人一个措手不及，冲出包围圈。在当今激烈的市场竞争环境下，你能想到的别人也早已想到了，当你想行动时别人早已经做了，我们哪里还有商机？我们哪里还能跳出传统思路的包围圈？机遇永远只留给与众不同的开拓者！

互联网时代就是这样！大家都按常规出牌，就无法形成自己的落差，人家的财力、人力都比你强，你自然会成为输家。管理没有对错，互联网化更没有对错，就看你怎么走。

当今企业更需要什么？我们说八十年代需要胆量，九十年代需要的是资金，而今需要的是智慧，智慧何处而来？智慧来源于知识，知识来源于情报，情报来源于信息，信息来源于数据。数据是需要渠道传递的，那就是通过互联网、传统媒体、社会人际关系把市场情况、客户需求、行业动态、新材料、新产品等展现出来，关键是我们如何获取这些数据，同时对获取的数据进行分析，并运用到我们的企业市场运营中去。

参考文献

1．王吉斌，彭盾.《互联网+：传统企业的自我颠覆、组织重构、管理进化与互联网转型[M].北京：机械工业出版社，2015.

2．曾鸣，等.读懂互联网+[M].北京：中信出版社，2015.

3．陈灿，等.互联网+：跨界与融合[M].北京：机械工业出版社，2015.

4．刘润.互联网+（小米案例版：一本讲透"互联网+"的书）[M].北京：北京联合出版公司，2015.

5．钟殿舟.互联网思维[M].北京：企业管理出版社，2014.

6．徐昊，马斌.时代的变换：互联网构建新世界[M].北京：机械工业出版社，2015.

7．迈克尔·波特，陈小悦，译.竞争战略[M].北京：华夏出版社，2002.